親鸞聖人の教え

序

二〇一二（平成二十四）年度の寮員会議において、すでに勧学寮から出版されている『真宗の教義と安心』の修正について議論されたが、この書は教師教修のテキスト本として使用され、内容的にも完成されているので、これに修正を加えた書籍を出すことはしないことが合意された。ただ、この書は『安心論題綱要』をベースにやさしくしたものであるため、真宗の教義概説としては補足した方がよいと思われる点があるとの意見も強くあった。

勧学寮から出版され、勧学寮主催の研修会においてテキストとして用いられている書籍には①『新編　安心論題綱要』、②『釈尊の教えとその展開』、③『浄土三部経と七祖の教え』、があり、それぞれの内容は、①安心論題の概説、②仏教の概説、③三経・七祖の教えであるが、真宗の教義を概説した書籍がないため、一般僧侶が手にとって分かりやすい書籍を新たに作成するのが望ましいと決定した。その決定を受けて出版されたのが本書である。

本書の作成に当たっては、まず、内藤知康勧学を主任とし、森田真円司教（当時）・普賢保之司教・安藤光慈司教・高田文英輔教・井上見淳輔教を委員とした特設研究会を立ち上げた。

そして、寮員会議との情報共有を行いつつ四回の準備会によって、全体の構成、各章の執筆担当者等を決定した。続いて、同じく寮員会議の指示・了承を受けつつ、十回の研究会を経て各執筆者から原稿の提出を受け、その後、研究員それぞれの意見交換を経て、内容の修正及び表現の統一を行い、その後主任の内藤知康勧学による加筆・修正を経た最終原稿について再度の表現統一作業を行い、完成に至ったのである。

本書は、すでにある研修会のためのテキストとして作成された『新編　安心論題綱要』等とは異なり、現在のところ勧学寮主催の研修会に本書をテキストとして用いる科目はない。本書は、各種研修会におけるテキストとして活用されるのが望ましいが、勧学寮として、本書をテキストとする科目を今後設けることも視野にあることを付言しておく。

平成二十九年三月

勧学寮頭　徳永　一道

目次

第五章　浄土真宗の利益

＊『浄土真宗聖典（註釈版）第二版』は『註釈版聖典』、『浄土真宗聖典（註釈版）七祖篇』は『註釈版聖典七祖篇』と略記する。

＊本書における『浄土真宗聖典（註釈版）第二版』及び『浄土真宗聖典（註釈版）七祖篇』以外を出典とする引用文については、表記の変更と読み仮名の附記を勧学寮にて行った。

親鸞聖人の教え

第一章　生死出づべき道

第一節　仏道の目的

私たちの人生は、実にさまざまであり、それぞれの人生は苦しみや悩みに満ちている。阿弥陀仏の教えが説かれた「浄土三部経」の一つである『仏説観無量寿経』には、釈尊がお弟子の阿難陀と韋提希夫人に対して、以下のように述べられる一節がある。

仏《ぶつ》、阿難《あなん》および韋提希《いだいけ》に告《つ》げたまはく、「あきらかに聴《き》け、あきらかに聴《き》け、よくこれを思念《しねん》せよ。仏《ぶつ》、まさになんぢがために苦悩《くのう》を除《のぞ》く法《ほう》を分別《ふんべつ》し解説《げせつ》すべし。なんぢら憶持《おくじ》して、広《ひろ》く大衆《だいしゅ》のために分別《ふんべつ》し解説《げせつ》すべし」と。

（『註釈版聖典』九七頁）

苦の解決

人生の苦しみや悩み、その「苦悩を除く法」こそが仏法であり、ここに「まさになんぢがため」とあるのは、「この私のために」法が説かれることを示している。仏教とは、人生の苦を解決しさとりを開いた仏陀が、私たちの苦悩を除こうとして説示される教法なのである。

仏教に限らず、私たちの苦悩を除くための教えは、現代において数知れず存在している。たとえば、目の前に差し迫った困難に対して、神秘的な力を借りて解決しようとするもの。あるいは、強い指導力を持ったものの指図に従うことによって自らの苦悩の解決を得ようとするもの。さらには、自らの生活を浄化して、その効力によって問題の好転を期するもの等々、宗教の名のもとに説かれる教えは多種多様である。

しかしながら、一つ一つの苦悩をみれば、その困難のありようはさまざまであり、たとえ一つの困難が解決したとしても、次の困難が起こってきては、新たな苦悩が生まれてくる。それは、苦悩の根源が解決されていないからに他ならない。ではこのように次々と起こる苦悩の根源とはいったい何であろうか。人がさしたる困難もなく順風満帆の人生を送ったとしても逃れることのできない問題、それは、老いること・病いにあうこと・死することであり、そしてそれらを抱えてしか生まれることができないという、生存そのものの持つ根源的な問題こそが苦悩の根源なのである。

仏教はこの生・老・病・死を、それぞれを生苦・老苦・病苦・死苦と示す。それは、生に迷い、老に迷い、病に迷い、死に迷い、煩悩の束縛から逃れることができずに苦悩する、この四苦こそが苦悩の根源であることを示している。釈尊出家の動機を示す『仏伝』の「四門出遊《しもんしゅつゆう》」も、生老病死の苦悩の解決こそが目指すべき道であることを説くものである。したがって、仏道を歩むとは、このような人間の逃れられない根源的な苦悩を乗り越えていく道を目指すのであり、仏陀の説かれる「苦悩を除く法」とは、「生老病死」の苦悩を除く法なのである。

生死出づべき道

親鸞聖人が目指された仏道も、生老病死の苦悩を乗り越えていく道であった。親鸞聖人の妻であった恵信尼公が、娘の覚信尼公に宛てて出された手紙（『恵信尼消息』）に次の一節がある。

法然上人《ほうねんしょうにん》にあひまゐらせて、また六角堂《ろっかくどう》に百日《ひゃくにち》籠《こも》らせたまひて候《そうら》ひけるやうに、また百《ひゃっ》か日《にち》、降《ふ》るにも照《て》るにも、いかなるたいふにも、まゐりてありしに、ただ後世《ごせ》のことは、よき人《ひと》にもあしきにも、おなじやうに、生死出《しょうじい》づべき道《みち》をば、ただ一《ひと》すぢに仰《おお》せられ候《そうら》ひしを、うけたまはりさだめて候《そうら》ひしかば、「上人《しょうにん》のわたらせたまはんところには、人《ひと》はいかにも申《もう》せ、たとひ悪道《あくどう》にわたらせたまふべしと申《もう》すとも、世々生々《せせしょうじょう》にも迷《まよ》ひければこそありけめ、とまで思《おも》ひまゐらする身《み》なれば」と、やうやうに人《ひと》の申《もう》し候《そうら》ひしときも仰《おお》せ候《そうら》ひしなり。

（『註釈版聖典』八一一頁）

これは、後に述べるように、親鸞聖人が師法然聖人に出会われた時の様子を語ったものであるが、ここに示されている「生死出《しょうじい》づべき道」とは、「生死」すなわち生老病死という根源的な問題を解決し、さまざまな煩悩の束縛から解き放たれ、生死流転の迷いのあり方から離脱し、寂静《じゃくじょう》のさとりに至る道である。すなわち、親鸞聖人がかねてより求められていた道は、迷いからさとりに至るという仏道そのものに他ならない。親鸞聖人は、迷いからさとりに至る「生死出づべき道」を求め、九歳から二十九歳の二十年にわたって比叡山天台宗の学問と修行に励まれたのである。

第二節　親鸞聖人の苦悩

比叡山の修行

親鸞聖人が比叡山においてどのような生活をしておられたかは明らかではない。比叡山は、東塔・西塔・横川の三つのブロックに分かれていたが、聖人の伝記である『御伝鈔』に、「楞厳横川《りょうごんよかわ》の余流《よりゅう》を湛《たた》へて」（『註釈版聖典』一〇四三頁）と述べられているように、聖人は主に横川で学問と修行に励まれたのではないかと考えられている。

当時の比叡山には、観心学派と文献学派の二つの流れがあって、観心学派は学問は実践の次と考えるのに対して、文献学派は文献に非常に忠実で厳密に学問をしていく立場であった。比叡山での聖人の学問については、後に著される聖人の書物の厳密さからして、宝地房証真に代表される文献学派の系統を受けておられたのではないかと考えられている。

また、比叡山での聖人の修行については、前述の『恵信尼消息』に次のような一節がある。

この文《もん》ぞ、殿《との》の比叡《ひえい》の山《やま》に堂僧《どうそう》つとめておはしましけるが、山《やま》を出《い》でて、六角堂《ろっかくどう》に百日《ひゃくにち》籠《こも》らせたまひて、後世《ごせ》のこといのりまうさせたまひける九十五日《くじゅうごにち》のあか月《つき》の御示現《ごじげん》の文《もん》なり。御覧候《ごらんそうら》へとて、書《か》きしるしてまゐらせ候《そうろ》ふ。

（『註釈版聖典』八一四頁）

この文言から、聖人は少なくとも比叡山を降りる直前には、「堂僧」であったことが知られるのである。この堂僧とは、常行三昧堂《じょうぎょうざんまいどう》の堂僧であったと推定される。したがって、聖人は常行三昧堂の堂僧として「常行三昧」の修行をされていたと考えられている。

常行三昧とは、天台四種三昧の一つであるが、当時の常行三昧が『摩訶止観』に説かれる九十日間の「止観念仏」であったのか、慈覚大師円仁が中国の五台山竹林寺から持ち帰った七日間の「不断念仏」であったのか判然としない。両者は形態も目的も異なっているが、同じように常行三昧と呼ばれている。しかも同じ堂舎で行われた為、混乱が生じているが、同じ行者がどちらの行も行った可能性もある。いずれも厳しい修行法であるが、特に「止観念仏」は、一人で九十日間不眠不臥で行う真に厳しい修行であった。

さらに、東塔の無動寺谷や横川の飯室谷は、千日回峰行の根拠地であった。千日回峰行とは、慈覚大師円仁の弟子であった相応和尚が始めた修行とされ、比叡山山上の三塔や山下の日吉神社等を巡りながら、三百カ所の聖跡に礼拝を行い、七年間千日をかけ、距離にして地球一周分を歩くという荒行である。現在行われている千日回峰行から想定すると、京都市中大回りの行程の程近い所に六角堂があり、『恵信尼消息』に示されている聖人の六角堂参籠《さんろう》が、一晩のうちに比叡山と六角堂との間を往復する通いの参籠であったとすると、回峰行を行った人間でないと不可能であることから、聖人が千日回峰行をも行っていた可能性が指摘されている。

凡夫の救われる道

以上のように、親鸞聖人の比叡山における学問と修行の生活が推定されているが、いずれにしても、血の滲むような厳しい修行の日々であったことは想像に難くない。それは偏に自らの力によって何としても清らかで真実なるさとりの境地に至りたいという聖人の切なる願いによるものであった。

しかしながら、自らの心中を見つめることに極めて真摯であった聖人は、自身の煩悩から目を背けることができなかった。生死の迷いの世界からどうすれば離脱できるのか、それを一心に求められた聖人にとって、さとりに近づけない自らの姿は煩悩に満ち満ちたありさまとしかうつらなかったのであろう。

八十五歳の晩年に著された『一念多念文意』では、

「凡夫《ぼんぶ》」といふは、無明煩悩《むみょうぼんのう》われらが身《み》にみちみちて、欲《よく》もおほく、いかり、はらだち、そねみ、ねたむこころおほくひまなくして、臨終《りんじゅう》の一念《いちねん》にいたるまで、とどまらず、きえず、たえずと、水火二河《すいかにが》のたとへにあらはれたり。

（『註釈版聖典』六九三頁）

と述べられている。この述懐の言葉は、単に日常生活の次元での人間の問題ではなく、清らかで真実なさとりの世界に至ろうとする時に見えてきた、まぎれもない凡夫の姿であった。

だからこそ、

いづれの行《ぎょう》もおよびがたき身《み》なれば、とても地獄《じごく》は一定《いちじょう》すみかぞかし。

(『註釈版聖典』八三三頁)

と述べて、自らを地獄行きの身でしかないとまでの表白がなされるのであった。そこには、我々にはおいそれと窺い知れない親鸞聖人の苦悩があった。

苦悩の解決を求めた聖人は、当時の人々の習いでもあった参籠によって、一筋の光明を見出そうとされたのであった。『恵信尼消息』には、六角堂参籠の経緯について、

山《やま》を出《い》でて、六角堂《ろっかくどう》に百日籠《ひゃくにちこも》らせたまひて、後世《ごせ》をいのらせたまひけ

るに、九十五日《くじゅうごにち》のあか月《つき》、聖徳太子《しょうとくたいし》の文《もん》を結《むす》びて、示現《じげん》にあづからせたまひて候《そうら》ひければ、やがてそのあか月出《つきい》でさせたまひて、後世《ごせ》のたすからんずる縁《えん》にあひまゐらせんと、たづねまゐらせて、法然上人《ほうねんしょうにん》にあひまゐらせて、

（『註釈版聖典』八一一頁）

と述べられている。この聖徳太子の示現の文が『恵信尼消息』に欠落しているため、どういう内容であったかわからないが、「廟窟偈」「行者宿報偈」の二説が推定されている。「廟窟偈」とは、河内の磯長の聖徳太子廟に関わる偈文で、「行者宿報偈」とは『御伝鈔』（『註釈版聖典』一〇四四頁）に示される偈文である。いずれの偈文も在家の仏道を暗示するものとみることができ、親鸞聖人はこの示現の文を契機として、東山吉水で誰もが救われていく道を説かれていた法然聖人のところに出向かれることになった。

第三節　法然聖人との出会い

比叡山を降りて法然聖人のもとに赴かれたことについて、親鸞聖人の主著である『顕浄土真実教行証文類』（以下『教行信証』という）の後跋には、

建仁《けんにん》辛酉《かのとのとり》の暦《れき》、雑行《ぞうぎょう》を棄《す》てて本願《ほんがん》に帰《き》す。（『註釈版聖典』四七二頁）

と記されている。建仁元年（一二〇一）、二十九歳であった親鸞聖人は、今までの比叡山での修行を雑行と位置づけ、阿弥陀仏の本願念仏の教えに帰依《きえ》されたのであった。

この間の経緯について、『恵信尼消息』には、六角堂に百日籠もられたと同様に、法然聖人のもとにも、

また百《ひゃっ》か日《にち》、降《ふ》るにも照《て》るにも、いかなるたいふにも、まゐりてありしに（『註釈版聖典』八一一頁）

と述べられている。この百日間こそが、親鸞聖人が本願の教えに帰依される重要な契機であったに違いない。自らの力によってさとりに近づくことができないという親鸞聖人の苦悩に対し、かつて比叡山で同じ道を歩んでこられた法然聖人は、そのような苦悩の凡夫にこそ、阿弥陀仏の本願他力のはたらきが注がれていることを懇切に示されたのであろう。それによって、親鸞聖人にとっては、生涯忘れることのできない宗教経験がおこったのである。それは、今までの求道のあり方を全く方向転換させるものであった。

後に記された『教行信証』には、この方向転換を顧みられ、

ここをもつて愚禿釈《ぐとくしゃく》の鸞《らん》、論主《ろんじゅ》の解義《げぎ》を仰《あお》ぎ、宗師《しゅうし》の勧化《かんけ》によりて、久《ひさ》しく万行諸善《まんぎょうしょぜん》の仮門《けもん》を出《い》でて、永《なが》く双樹林下《そうじゅりんげ》の往生《おうじょう》を離《はな》る。善本徳《ぜんぽんとく》本《ほん》の真門《しんもん》に回入《えにゅう》して、ひとへに難思往生《なんじおうじょう》の心《しん》を発《おこ》しき。しかるにいまことに方便《ほうべん》の真門《しんもん》を出《い》でて、選択《せんじゃく》の願海《がんかい》に転入《てんにゅう》せり。すみやかに難思《なんじ》往生《おうじょう》の心《しん》を離《はな》れて、難思議往生《なんじぎおうじょう》を遂《と》げんと欲《ほっ》す。果遂《かすい》の誓《ちかい》（第二十願）、まことに由《ゆえ》あるかな。ここに久《ひさ》しく願海《がんかい》に入《い》りて、深《ふか》く仏恩《ぶっとん》を知《し》れり。

至徳《しとく》を報謝《ほうしゃ》せんがために、真宗《しんしゅう》の簡要《かんよう》を摭《ひろ》うて、恒常《ごうじょう》に不可思議《ふかしぎ》の徳《とく》海《かい》を称念《しょうねん》す。いよいよこれを喜愛《きあい》し、ことにこれを頂戴《ちょうだい》するなり。

(『註釈版聖典』四一三頁)

と記されている。これは、いわゆる「三願転入《さんがんてんにゅう》の文《もん》」とよばれるもので、『仏説無量寿経』に誓われている阿弥陀仏の四十八願の内、第十九願・第二十願・第十八願の内容に基づくものである。すなわち、第十九願に誓われている「万行諸善《まんぎょうしょぜん》の仮門《けもん》」を出て、第二十願に誓われている「善本徳本《ぜんぽんとくほん》の真門《しんもん》」に回入《えにゅう》し、さらには方便の真門を出でて第十八願の「選択《せんじゃく》の願海」に転入したというものである。

生因三願

阿弥陀仏の本願については、後に改めて述べるが、この第十九願・第二十願・第十八願の三願は、生因三願《しょういんさんがん》とよばれるもので、十方衆生《じっぽうしゅじょう》の浄土往生について阿弥陀仏が誓われた誓願である。したがって、この三願には、それぞれに浄土往生に関する「行」と「信」と「利益《りやく》」が誓われている。

第十九願

まず、第十九願は、至心発願《ししんほつがん》の願・修諸功徳《しゅしょくどく》の願・臨終現前《りんじゅうげんぜん》の願・現前導《げんぜんどう》

生《しょう》の願・来迎引接《らいこういんじょう》の願と名づけられ、

たとひわれ仏《ぶつ》を得《え》たらんに、十方《じっぽう》の衆生《しゅじょう》、菩提心《ぼだいしん》を発《おこ》し、もろもろの功徳《くどく》を修《しゅ》して、至心発願《ししんほつがん》してわが国《くに》に生《しょう》ぜんと欲《ほっ》せん。寿終《いのちおわ》るときに臨《のぞ》んで、たとひ大衆《だいしゅ》と囲繞《いにょう》してその人《ひと》の前《まえ》に現《げん》ぜずは、正覚《しょうがく》を取《と》らじ。

（『註釈版聖典』一八頁）

（わたしが仏になったとき、すべての人々がさとりを求める心をおこして、さまざまな功徳を積み、心からわたしの国に生れたいと願うなら、命を終えようとするとき、わたしは多くの聖者たちとともにその人の前に現れよう。そうでなければ、わたしは決してさとりを開くまい）

と誓われている。

すなわち、すべての人々がさとりを求める心を起こして、さまざまな功徳を積み（修諸功徳＝行）、心からわたしの国に生れたいと願うなら（至心発願欲生＝信）、命を終えようとするとき、わたしが多くの聖者たちとともにその人の前に現れよう（現其人前＝利益）という願である。したがって、自らの力によってさまざまな諸善万行を行い、その功徳によって浄土に往生しようとする「自力諸行往生」が誓われているのである。

次に、第二十願は、至心回向《ししんえこう》の願・植諸徳本《じきしょとくほん》の願・係念定生《けねんじょうしょう》の願・不果遂者《ふかすいしゃ》の願と名づけられ、

第二十願

たとひわれ仏《ぶつ》を得《え》たらんに、十方《じっぽう》の衆生《しゅじょう》、わが名号《みょうごう》を聞《き》きて、念《ねん》をわが国《くに》に係《か》け、もろもろの徳本《とくほん》を植《う》ゑて、至心回向《ししんえこう》してわが国《くに》に生《しょう》ぜんと欲《ほっ》せん。果遂《かすい》せずは、正覚《しょうがく》を取《と》らじ。（同前）

（わたしが仏になったとき、すべての人々が、わたしの名号を聞いて、浄土をひとすじに思い、仏がたの徳の名の本であるその名号を称え、心を励まして、その称える功徳により浄土に生れたいと願うなら、その願いをきっと果しとげさせよう。そうでなければ、わたしは決してさとりを開くまい）

と誓われている。

第十八願

すなわち、すべての人々が、わたしの名号を聞いて、浄土をひとすじに思い、仏がたの徳の名の本であるその名号を称え（植諸徳本＝行）、心を励まして、その称える功徳により浄土に生れたいと願うなら（至心回向欲生＝信）、その願いをきっと果しとげさせよう（不果遂者＝利益）という願いである。したがって、自らの力によって名号を称え、その功徳によって浄土に往生しようとする「自力念仏往生」が誓われているのである。

最後に第十八願とは、至心信楽《ししんしんぎょう》の願・念仏往生《ねんぶつおうじょう》の願・選択本願《せんじゃくほんがん》・本願三心《ほんがんさんしん》の願・往相信心《おうそうしんじん》の願と名づけられ、

たとひわれ仏《ぶつ》を得《え》たらんに、十方《じっぽう》の衆生《しゅじょう》、至心信楽《ししんしんぎょう》してわが国《くに》に生《しょう》ぜんと欲《おも》ひて、乃至十念《ないしじゅうねん》せん。もし生《しょう》ぜずは、正覚《しょうがく》を取《と》らじ。ただ五逆《ごぎゃく》と誹謗正法《ひほうしょうぼう》とをば除《のぞ》く。（同前）

（わたしが仏になったとき、あらゆる人々が、まことの心で信じ喜び、わたしの国に生れると思って、たとえば十声念仏して、もし生れることができないようなら、わたしは決してさとりを開くまい。ただし、五逆の罪を犯したり、

正しい法を謗るものだけは除かれる）

と誓われている。

すなわち、あらゆる人々が、まことの心で信じ喜び、わたしの国に生れると思って（至心信楽欲生＝信）、たとえば十声念仏して（乃至十念＝行）、もし生れることができないようなら（若不生者＝利益）、わたしは決してさとりを開くまいという願いである。

この願は、一見すると、我々が信じ念仏して往生するという文ではあるが、実は十方の衆生が信心と念仏によって浄土に往生できなかったならば、法蔵菩薩は阿弥陀仏にならないと誓われている願なのである。つまり、十方衆生の往生と阿弥陀仏の正覚とを一体に誓う大誓願なのである。したがって、何としてもすべての人々をさとりに導くという阿弥陀仏の大慈悲のはたらきが最も端的に示される願であって、阿弥陀仏の方から私に信じさせ、念仏させ、往生させようという「他力念仏往生」が誓われているのである。

このように、三願にはそれぞれ「行」「信」「利益」が示されているが、親鸞聖人は、阿弥陀仏のはたらきによって往生させようと誓われた第十八願こそが阿弥陀仏の本意であり、真実の願であるとされる。そして、第十九願と第二十願とは、その真実に導き入れんがための方便の願として区別される。

それは第十八願に誓われた阿弥陀仏の本意を受け取ることができずに、自らの力によって善根を積まねば往生できない、自らの称えた念仏の功徳によらねば往生できないと考える人々をも救うために、それらに応じて自力諸行往生の第十九願と自力念仏往生の第二十願が誓われたとされるのである。つまり、方便の願とは真実の第十八願に引き入れるための手立てとして誓われた願であり、結局、この三願には、自力による往生を捨てさり他力に帰すべきことが明かされているのである。

三願転入の文で示される「万行諸善の仮門」を出でて、「善本徳本の真門」に回入し、ついに「選択の願海」に転入するというのは、親鸞聖人の実体験ではないという説もあるが、やはり聖人が自らの回心の体験を顧みて表現されたと見るのが穏当であろう。第十八願の他力真実の救いに到達された喜びの内から、自らの求道の過程を振り返り、第十九願・第二十願に示されている自力の方便の教えを捨て去ったことを述懐されているのである。

もっとも回心とは、第十九願→第二十願→第十八願というように人間の努力の延長線上に必然的に起こることではなく、阿弥陀仏の側から一方的に開かれてくる世界に期せずして遇うといったものであろう。また、第十九願・第二十願を経なければならないというものでもなく、直接第十八願に入ることもあり得るのである。聖人は思いがけない本願のはたらきとの出遇いについて、「たまたま行信《ぎょうしん》を獲《え》ば、遠《とお》く宿縁《しゅくえん》を慶《よろこ》べ」（『註釈版聖典』一三二頁）と述べられるように、阿弥陀仏の慈悲のはたらきによるものであると感じられたに違いない。

第四節　自信教人信の実践

法然聖人との出会いによって、阿弥陀仏の本願他力の教えに帰依された親鸞聖人であったが、承元《じょうげん》元年（一二〇七）三十五歳の時、念仏弾圧の嵐によって、越後《えちご》に流罪となられたのであった。やがて、建暦《けんりゃく》元年（一二一一）十一月になってようやく赦免となったが、そのわずか二カ月後の一月二十五日、法然聖人が八十歳にて往生されたのであった。

その後数年の間、越後に止《とど》まっておられた親鸞聖人は、法然聖人によって導かれた本願の教えをより多くの人々に伝えんという思いを持たれ、四十二歳頃に越後から関東へ赴かれるのである。

関東での教化によって、次第に念仏者の数は増え、下野《しもつけ》・常陸《ひたち》・下総《しもうさ》などの関東各地や遠くは陸奥《むつ》にまでも聖人の教えを聞く人々の集団が存在することとなった。そのような折から、法然聖人の提唱された他力念仏の教法が、真実の仏道であることを体系的に証明する必要を感じられた親鸞聖人は、『教行信証』の執筆を始められるのである。聖人の主著である本書は、晩年に至るまで加筆訂正されることとなるが、稲田の草庵にて五十二歳頃から草稿を書き始められたと考えられている。

関東において、二十年余りに及ぶ教化の生活を続けられていた聖人であったが、六十二、三歳頃に京都に戻られることになる。帰洛の理由の一つとして、『教行信証』を完成させるためではないかとも推論されている。

晩年の執筆活動

帰洛後の聖人は、著作活動に没頭されたといえるであろう。七十五歳の時、『教行信証』は一応の完成を見たが、その翌年には『浄土和讃』『高僧和讃』を相次いで執筆されている。これらは、後年に執筆される『正像末和讃』と合わせて「三帖和讃」と称されている。

その後も、『浄土文類聚鈔』『愚禿鈔』『入出二門偈頌』といった漢語聖教や、『浄土三経往生文類』『尊号真像銘文』『一念多念文意』『唯信鈔文意』『如来二種回向文』『弥陀如来名号徳』などの和語聖教を精力的に執筆されるのである。また、関東の門侶達にお手紙によって教えの内容を示された多くの「御消息」も残されている。このようなさまざまな著作によって、馥郁《ふくいく》とした宗教的世界を自ずから披瀝《ひれき》されていくのであった。

親鸞聖人のご往生

やがて、弘長《こうちょう》二年十一月二十八日（一二六二年一月十六日）、九十歳の聖人は、ついに最期の時を迎えられることとなる。親鸞聖人の曾孫である覚如上人《かくにょしょうにん》が著された『御伝鈔』では、聖人《しょうにん》（親鸞）弘長二歳《こうちょうにさい》　壬戌《みずのえいぬ》　仲冬下旬《ちゅうとうげじゅん》の候《こう》より、いささか不例《ふれい》の気《き》ましま す。それよりこのかた、口《くち》に世事《せいじ》をまじへず、ただ仏恩《ぶっとん》のふかきことをのぶ。声《こえ》に余言《よごん》をあらはさず、もつぱら称名《しょうみょう》たゆることなし。しかうしておなじき第八日《だいはちにち》　午時《うまのとき》　頭北面西右脇《ずほくめんさいうきょう》に臥《ふ》したまひて、つひに念仏《ねんぶつ》の息《いき》たえをはりぬ。ときに頽齢九旬《たいれいきゅうしゅん》にみちたまふ。

（『註釈版聖典』一〇五九頁）

と述べられて、聖人の臨終の様子が詳細に記されている。

そして、聖人往生の報せは、最期を看取られた末娘の覚信尼公から、越後に居られた恵信尼公に届けられることになる。先に挙げた『恵信尼消息』は、覚信尼公への返事であったが、まず始めに、

去年《こぞ》の十二月一日《しわすついたち》の御文《おんふみ》、同二十日《おなじきはつか》あまりに、たしかにみ候《そうら》ひぬ。なによりも殿《との》（親鸞）の御往生《ごおうじょう》、なかなかはじめて申《もう》すにおよばず候《そうろ》ふ。

（『註釈版聖典』八一一頁）

と記されている。返書の冒頭において、わざわざ「何よりも親鸞聖人が浄土に往生なさったことについてはあらためて申し上げることもありません」と述べられているのである。また、手紙の最後の方では、

されば御《ご》りんずはいかにもわたらせたまへ、疑《うたが》ひ思《おも》ひまゐらせぬうへ、おなじことながら、……　（『註釈版聖典』八一三頁）

（ですから、臨終がどのようなものであったとしても、聖人の浄土往生は疑いなく、それが変わることはありませんが）

と記されている。これらの内容から、恵信尼公が娘の覚信尼公に対して、臨終において特別な奇瑞が現れずとも、すでに平生に往生は定まるという聖人の教えを告げようとされていたことが分かる。

親鸞聖人が生涯をかけて顕された教えとは、阿弥陀仏の本願のはたらきによって、煩悩具足の凡夫が、この現生において仏となるべき身に定まるというものであったが、生涯を共にされた恵信尼公は、その教えを自らの身にし

っかりと受け止めておられたことが窺えるのである。

では、その教えとはどのような体系に基づく内容であるかを、次章から順次示していくこととする。

第二章　阿弥陀仏とその本願

浄土真宗の教えが、法蔵菩薩が本願を成就され阿弥陀仏となられたことにもとづくことは言うまでもない。親鸞聖人が『教行信証』「教文類」の冒頭に、

つつしんで浄土《じょうど》真宗《しんしゅう》を案《あん》ずるに、二種《にしゅ》の回向《えこう》あり。一《ひと》つには往相《おうそう》、二《ふた》つには還相《げんそう》なり。往相《おうそう》の回向《えこう》について真実《しんじつ》の教行信証《きょうぎょうしんしょう》あり。

（『註釈版聖典』一三五頁）

と述べられるとおり、浄土真宗の教義とは、我々衆生に向けられている阿弥陀仏の回向を明らかにすることに他ならない。そこで本章の第一節では、救済の主たる阿弥陀仏とはどのような存在であるのかについて、第二節では、その阿弥陀仏の発《おこ》された本願について述べる。また第三節では、浄土真宗の教義の綱格である「二回向四法」について、その全体的な救済の構造を述べていく。

第一節　阿弥陀仏

第一項　二種法身

阿弥陀仏について、『仏説無量寿経』には、出家から成仏に至るまでの過程（弥陀成仏の因果）を示して、阿弥陀仏とはどのような仏であるかが明らかにされている。

それによれば、はるか昔、一人の国王が世自在王仏の説法を聞いて、出家して法蔵と名《な》のり、あらゆる衆生を救うため、五劫の思惟を経て四十八の誓願を建て、その大いなる願いを叶えるために、兆載永劫《ちょうさいようごう》という途方もなく長い修行をされたという（弥陀成仏の因）。

そして、長い修行の末に、四十八の誓願をまどかに成就された法蔵菩薩は、この娑婆世界から西方十万億の国土を過ぎたところに浄土を建立し、阿弥陀仏となられた。それは今からおよそ十劫《じっこう》の昔のことであり、今現に阿弥陀仏は、西方の浄土で衆生救済の活動を続けられているという（弥陀成仏の果）。

このように経典に説かれているのは、いわゆる歴史的な事実というよりも、阿弥陀仏という仏がどのような仏であり、またそのさとりはどのようなさとりであるのか、阿弥陀仏の衆生救済の活動とはどのようなものであるのかということを示すところに眼目がある。

そして阿弥陀仏という仏は、われわれの認識を超えたさとりそのものが、さとりに背き迷いの中にあるものを導くため、あえて具体的なかたちあるものとして現れ出てきたものであることを明らかにされたのが、法性法身《ほっしょうほっしん》・方便法身《ほうべんほっしん》の二種法身説《にしゅほっしんせつ》である。

法性法身の「法性」とは、その仏身が真如《しんにょ》法性のさとりそのものであることを示し、あらゆる差別の相を超え、言葉も認識も及ばない真理そのもののことをいう。方便法身の「方便」とは、その仏身が衆生を救済するために具体的なすがたをもってはたらくことを示す。両者は相反する性格を持つもののように見えるが、いずれも「法身」という同一の語をもって示されているところが、二種法身説の特徴である。

広略相入・由生由出

この二種法身説は、もと曇鸞大師の『往生論註』巻下に阿弥陀仏の浄土を

釈する中に出るもので、その文には、

諸仏《しょぶつ》・菩薩《ぼさつ》に二種《しゅ》の法身《ほっしん》まします。一には法性法身《ほっしょうほっしん》、二には方便法身《ほうべんほっしん》なり。法性法身《ほっしょうほっしん》によりて方便法身《ほうべんほっしん》を生《しょう》ず。方便法身《ほうべんほっしん》によりて法性法身《ほっしょうほっしん》を出《いだ》す。この二の法身《ほっしん》は異《い》にして分《わか》つべからず。一にして同《どう》ずべからず。このゆゑに広略相入《こうりゃくそうにゅう》して、統《す》ぶるに法《ほう》の名《な》をもつてす。

（『註釈版聖典七祖篇』一三九頁）

とあり、法性法身と方便法身の由生由出《ゆしょうゆしゅつ》・亦一亦異《やくいちやくい》の関係によって、阿弥陀仏のさとりの特徴があらわされている。

このうち「法性法身によりて方便法身を生ず」とは、方便法身が、さとりそのもの（法性法身）のおのずからなる展開として生起《しょうき》した仏身であることを表し（由生）、「方便法身によりて法性法身を出す」とは、さとりそのもの（法性法身）の徳はそのままでは衆生と関わりがなく、方便法身をまってはじめて顕れ出る（由出）という意である。

また、「異にして分つべからず。一にして同ずべからず」とは、法性法身と方便法身とは、上に述べたようにそれぞれ性格を異にするが、しかも方便法身の本質はさとりそのものの徳以外の何ものでもないという、両者の関係を示されたものである（亦一亦異）。

法性法身の法性とは、具体的なさとりのはたらきを示すものではなく、無色無形のさとりそのものであることを示している。そして、さとりそのものは衆生の側からはまったく隔絶したものであるから、衆生の認識の及ぶところではなく、信仰の対象ともなり得ない。ここに法性法身から方便法身が生起されねばならない理由がある。

方便法身の方便とは、その真実のさとりそのものが、形を離れ言葉も及ばない絶対の領域から仏のさとりとして衆生救済のはたらきを示すために、形をあらわし名を示されること（これを垂名示形《すいみょうじぎょう》という）をあらわしている。

垂名示形

親鸞聖人は、この二種法身説について、『唯信鈔文意』に、

法身《ほっしん》はいろもなし、かたちもましまさず。しかれば、こころもおよばれ

ず、ことばもたえたり。この一如《いちにょ》よりかたちをあらはして、方便法身《ほうべんほっしん》と申《もう》す御《おん》すがたをしめして、法蔵比丘《ほうぞうびく》となのりたまひて、不可思議《ふかしぎ》の大誓願《だいせいがん》をおこしてあらはれたまふ御《おん》かたちをば、世親菩薩《せしんぼさつ》（天親）は「尽十方無礙光如来《じんじっぽうむげこうにょらい》」となづけたてまつりたまへり。（『註釈版聖典』七〇九頁）

と述べられ、また、『一念多念文意』には、

この一如宝海《いちにょほうかい》よりかたちをあらはして、法蔵菩薩《ほうぞうぼさつ》となのりたまひて、無礙《むげ》のちかひをおこしたまふをたねとして、阿弥陀仏《あみだぶつ》となりたまふがゆゑに、報身如来《ほうじんにょらい》と申《もう》すなり。これを尽十方無礙光仏《じんじっぽうむげこうぶつ》となづけたてまつれるなり。この如来《にょらい》を、南無不可思議光仏《なもふかしぎこうぶつ》とも申《もう》すなり。この如来《にょらい》を、方便《ほうべん》法身《ほっしん》とは申《もう》すなり。方便《ほうべん》と申《もう》すは、かたちをあらはし、御《み》なをしめして、衆生《しゅじょう》にしらしめたまふを申《もう》すなり。すなはち阿弥陀仏《あみだぶつ》なり。

（『註釈版聖典』六九〇頁）

と示されている。

曇鸞大師の二種法身説は、現に存在している阿弥陀仏という仏身やその浄土、また浄土の菩薩について述べたものであるが、親鸞聖人は、阿弥陀仏について一如すなわちさとりそのものが衆生を救い取るために法蔵菩薩として形を示し、阿弥陀仏として成仏されたと説かれる。すなわち、因果を絶した無始無終のさとりの領域から、法蔵菩薩の発願《ほつがん》・修行という因相と、阿弥陀仏という果相を現される（因果相の示現）と示されているのである。

このように、さとりそのものである真如法性が、垂名示形・因果相の示現という方法でもって衆生へとはたらきかけ、真如のさとりへ入らせようと展開している具体的なすがたが方便法身であり、それは真に衆生救済のはたらきにほかならないからこそ、法性を離れない。そのことを法性法身から現れ出てきた方便法身と示されるのである。その方便法身の仏名《ぶつみょう》が阿弥陀仏なのである。

この二種法身説によって、阿弥陀仏は、温かな慈悲をそなえた人格的な仏でありつつ、しかも真実のさとりそのものであることが明らかとなるのであり、このような仏であるがゆえに、衆生はその願力に乗ずることで、真実のさとりを証せしめられるのである。

第二項　仏の三身説

曇鸞大師の二種法身説は、「諸仏・菩薩に二種の法身まします」と述べられているにしても、具体的には阿弥陀仏の仏身の特徴をあらわすものに他ならない。一方、仏教一般で行われる仏身理解の方法としては法身《ほっしん》・報身《ほうじん》・応《おう》身《じん》の三身説がある。これは、経典に説かれるさまざまな仏の身体を、一定の基準によって分類し理解しようとするものであり、その分類には、時代や学派によって異なりがあって、三身の定義についても、必ずしも一様ではない。しかし、親鸞聖人も、

無礙《むげ》のちかひをおこしたまふをたねとして、阿弥陀仏《あみだぶつ》となりたまふがゆゑに、報身如来《ほうじんにょらい》と申《もう》すなり。

（『註釈版聖典』六九〇頁）

と示されているように、浄土教においても阿弥陀仏の仏身については三身説にもとづいて論じられる。

法身

まず法身とは、真如そのものである仏身のことである。真如とはあらゆる存在のあり方に通じる根本原理であるが、仏とはその真如をさとった存在である。仏が真如をさとるというのは、さとる仏とさとられる真如との区別がなくなったというさとり方、つまり仏と真如とが一体となったということであり、仏がそのまま真如、真如がそのまま仏ということになる。そこで、真如そのものを仏身とする。真如とはあらゆる存在のあり方に通じる根本原理であるから、真如そのものである法身はあらゆる時あらゆる所に変わりなく存在しているので、始まりも無く終わりも無い（これを無始無終という）仏身とされる。そもそも一切の区別を否定するあり方なので、区別してしか対象を認識できない私たちの認識の対象とはなり得ず、当然私たちの信仰の対象となり得るような仏身ではない。

報身

次に報身とは、その仏が菩薩であった時の因位の願行に報いて成就した仏身のことである。仏となる以前の菩薩が発願・修行し、その結果えられた仏身であるから始まりが有り、また真如の理と一体となっているから終わりが無い（これを有始無終という）仏身と規定される。報身は肉体的な感覚で認識することはできないが、因位の菩薩の発願修行やその成就した果位の仏身について説示されるので、私たちがイメージを持つことの可能な人格的な仏身であり、信仰の対象となり得る仏身である。

応身

応身とは、衆生の肉体的な感覚に応じて仮に穢土に出現した仏身のことである。この世に出現された釈尊はこれにあたり、さとりを開いて仏になったという始まりがあり、肉体の死による終わりがある（これを有始有終という）仏身である。肉体を持ち言葉や行動で私たちを教化する具体的な仏なので、当然信仰の対象となり得る仏身である。報身がその仏が自ら願った身体であるのに対し、応身は衆生の能力に応じて現じた仮の仏身であるから、その仏の本当の身体であるとは言えず、応身は報身に比べて低劣な仏身であるとされる。

また仏身と仏土とは一体のものであり、三身説を仏土について述べるなら、法土・報土・応土の三土に分類され、当然、三土それぞれの性質は対応する三身の性質と同じである。

さて、一切の仏はこの三身を具足すると言われるから、阿弥陀仏もまたこの三身を具えることはもちろんであるが、浄土三部経に説かれる西方浄土に出現された阿弥陀仏は、三身のいずれに当たるものであるかについて、浄土教の歴史では種々の議論がある。

すなわち、中国の浄影寺慧遠などの聖道の諸師は、阿弥陀仏とその浄土について劣った応身応土と見なしているが、道綽禅師は問答を設けて聖道諸師の見解を批判し、

問《と》ひていはく、いま現在《げんざい》の阿弥陀仏《あみだぶつ》はこれいづれの身《しん》ぞ、極楽《ごくらく》の国《くに》はこれいづれの土《ど》ぞ。答《こた》へていはく、現在《げんざい》の弥陀《みだ》はこれ報仏《ほうぶつ》、極楽宝荘厳《ごくらくほうしょうごん》国《こく》はこれ報土《ほうど》なり。しかるに古旧《こきゅう》あひ伝《つた》へて、みな阿弥陀仏《あみだぶつ》はこれ化《け》身《しん》、土《ど》もまたこれ化土《けど》なりといへり。これを大失《だいしつ》となす。

（『註釈版聖典七祖篇』一九一頁）

として、阿弥陀仏が報身であり、浄土が報土であることを示される。また善導大師も聖道諸師の説を批判して、四十八願に報いて現れた「酬因《しゅういん》の身《しん》」（『註釈版聖典七祖篇』三二六頁）であるから勝れた報身報土であると論断された。

また親鸞聖人は『浄土和讃』に、

久遠実成阿弥陀仏《くおんじつじょうあみだぶつ》　五濁《ごじょく》の凡愚《ぼんぐ》をあはれみて
釈迦牟尼仏《しゃかむにぶつ》としめしてぞ　迦耶城《がやじょう》には応現《おうげん》する（『註釈版聖典』五七二頁）

と詠われており、この世界に出現された釈尊をもって阿弥陀仏の応身と見られている。

なお、三身説の報身も先に述べた二種法身説の方便法身も、阿弥陀仏という仏が具体的な相をもつ仏身であることを示すものであるが、その表わそうとするところには相違がある。

方便法身と報身

すなわち阿弥陀仏が報身であるということは、因位の誓願に酬報した果体であるのだから、本願力を具《そな》えた仏身であることを明らかにするものであり、一方、方便法身は、法性法身より出たところのさとりそのものの展開であることから、阿弥陀仏の衆生救済の絶対性・真理性を明らかにするものである。また、報身は果位の阿弥陀仏についていわれるところであるが、方便法身は法蔵菩薩（因位）の発願修行から阿弥陀仏（果位）としての成仏という構造そのものについていわれるのである。

真実の報身・報土

親鸞聖人は、阿弥陀仏とその浄土が報仏・報土であることについて、さらにその中に真実の報身・報土と、方便の化身・化土とがあることを示される。まず、真実の報身・報土とは、『教行信証』「真仏土文類」に、

つつしんで真仏土《しんぶつど》を案《あん》ずれば、仏《ぶつ》はすなはちこれ不可思議光如来《ふかしぎこうにょらい》なり、土《ど》はまたこれ無量光明土《むりょうこうみょうど》なり。しかればすなはち、大悲《だいひ》の誓願《せいがん》に酬報《しゅうほう》するがゆゑに、真《しん》の報仏土《ほうぶつど》といふなり。すでにして願《がん》います、すなはち光明《こうみょう》・寿命《じゅみょう》の願《がん》（第十二・十三願）これなり。（『註釈版聖典』三三七頁）

とあるように、真実の願である第十二願（光明無量の願）・第十三願（寿命無

方便の化身・化土

量の願）に報いて完成された光寿無量の徳を具えた身土である。

次に、方便の化身・化土については、『教行信証』「化身土文類」に、

つつしんで化身土《けしんど》を顕《あらわ》さば、仏《ぶつ》は『無量寿仏観経《むりょうじゅぶつかんぎょう》』の説《せつ》のごとし、真《しん》身観《しんかん》の仏《ぶつ》これなり。土《ど》は『観経《かんぎょう》』の浄土《じょうど》これなり。また『菩薩処胎経《ぼさつしょたいきょう》』等《とう》の説《せつ》のごとし、すなはち懈慢界《けまんがい》これなり。また『大無量寿経《だいむりょうじゅきょう》』の説《せつ》のごとし、すなはち疑城胎宮《ぎじょうたいぐ》これなり。

（『註釈版聖典』三七五頁）

とあるように、『仏説観無量寿経』真身観に説かれる阿弥陀仏、『仏説観無量寿経』所説の浄土、また『菩薩処胎経』の懈慢界、『仏説無量寿経』の疑城胎宮などがこれに当たるとされる。

そして、これら「化身土文類」に明かされた方便の化身・化土について「真仏土文類」には、

それ報《ほう》を案《あん》ずれば、如来《にょらい》の願海《がんかい》によりて果成《かじょう》の土《ど》を酬報《しゅうほう》せり。ゆゑに

報《ほう》といふなり。しかるに願海《がんかい》について真《しん》あり仮《け》あり。ここをもつてまた仏土《ぶつど》について真《しん》あり仮《け》あり。……仮《け》の仏土《ぶつど》とは、下《しも》にありて知《し》るべし。すでにもつて真仮《しんけ》みなこれ大悲《だいひ》の願海《がんかい》に酬報《しゅうほう》せり。ゆゑに知《し》んぬ、報《ほう》仏土《ぶつど》なりといふことを。

（『註釈版聖典』三七一頁）

とあることから、方便の化身・化土とは、三身説の報仏・報土の中を、さらに因願の真・仮にもとづいて真仏・真土と化身・化土に分別したものであることが知られる。

すなわち、方便の願である第十九願・第二十願の誓いにより、自力の行者のために仮に現わされた身土であるがゆえに、方便の化身・化土といわれるのである。

第二節　本願とは

第一項　菩薩の誓願

このように阿弥陀仏とその浄土は本願に酬報した報仏・報土であり、阿弥陀仏の衆生救済のはたらきは、その本願の成就に他ならない。

本願

本願とはサンスクリットのプールヴァ・プラニダーナ（pūrva-praṇidhāna）の訳語であり、プールヴァは「前の」、プラニダーナは「誓願」の意であるから、仏（果位）が過去に菩薩であったとき（因位）に立てた誓願のことであり、これを「因本の願」という。これには、すべての菩薩が共通しておこす総願と、それぞれの菩薩が個別におこす別願とがあり、総願とは、

総願・四弘誓願

衆生無辺誓願度（すべての衆生を迷いからさとりへ渡しつくそう）
煩悩無数誓願断（すべての煩悩を断ちつくそう）
法門無尽誓願知（すべての法門を知りつくそう）

無上菩提誓願証（これ以上はない究極のさとりを実現しよう）

の、いわゆる四弘誓願（言葉については、伝承により若干の差異があるが、意味するところはいずれもほぼ同じである）である。

源信和尚の『往生要集』には、はじめの二願は抜苦、後の二願は与楽をあらわすとも、はじめの一願は利他に約し、後の三願は自利に約すとも言われている。すなわち総願たる四弘誓願は、大乗の菩薩の目指すべきさとりが、ひとしく自利・利他の完成にあることを物語るものである。

別願・四十八願

別願とは、それぞれの菩薩に特有な願いであり、釈迦仏の五百大願や薬師仏の十二大願、そして阿弥陀仏の四十八願も、この別願にあたる。菩薩が仏となることは、因位の願いを現実化させることであるから、この別願の内容により、それぞれの仏の性格が異なってくることになる。阿弥陀仏の救済力が諸仏に超え勝れているのは、「無上殊勝《むじょうしゅしょう》の願《がん》を建立《こんりゅう》し、希有《けう》の大弘誓《だいぐせい》を超発《ちょうほつ》せり（建立無上殊勝願、超発希有大弘誓）」（『註釈版聖典』二〇三頁）と讃えられるように、菩薩の時に立てた願いがこの上なく勝れたものであったからに他ならない。

このように仏・菩薩の本願は、総願・別願の両義を含むものであるが、一般には別願をもってその仏・菩薩の本願と示す。それはその仏・菩薩の特有の性格を示すものだからであり、法然聖人の『選択本願念仏集』(以下『選択集』という)特留章《どくる》には、「四十八願《がん》みな本願《ほんがん》なり」(『註釈版聖典七祖篇』一二二七頁)とあるように、この阿弥陀仏の四十八願あるいはその一々をもって本願と呼ばれており、本願の語を前述した因本の願の意で用いられている。

別願とは四弘誓願の第一願を具体的に述べたものである。すなわち、諸仏がそれぞれどのようにして衆生を済度するのか、ということが別願の内容であるといえよう。よって、それぞれの仏がどのような誓願を立てているのか、つまりその仏の本願はどのような内容であるかということを考える場合には、その別願の中でどのように衆生済度の願が誓われているのかを問うているのと同義である。龍樹菩薩の『十住毘婆沙論』「易行品」において、

阿弥陀仏《あみだぶつ》の本願《ほんがん》はかくのごとし、「もし人《ひと》われを念《ねん》じ名《な》を称《しょう》してみづか

ら帰《き》すれば、すなはち必定《ひつじょう》に入《い》りて阿耨多羅三藐三菩提《あのくたらさんみゃくさんぼだい》を得《う》」と。

（『註釈版聖典七祖篇』一五頁）

と述べられ、四十八願中の第十八願と第十一願とが合わさった形を示されているのは、龍樹菩薩が四十八願の中心、すなわち阿弥陀仏の衆生救済をここに見ているということである。

親鸞聖人においては、たとえば『教行信証』「信文類」に第十八願文を「至《し》心信楽《しんしんぎょう》の本願《ほんがん》（第十八願）の文《もん》」（『註釈版聖典』二一二頁）と呼び、また「如来《にょらい》の本願《ほんがん》（第十八願）、すでに至心《ししん》・信楽《しんぎょう》・欲生《よくしょう》の誓《ちかい》を発《おこ》したまへり」（『註釈版聖典』二二九頁）等と述べられるように、本願の語を基本的に第十八願に対して用いられている。これは四十八願の中心が第十八願であるとの領解にもとづくものである。特に第十九願・第二十願を方便の願、第十八願を真実の願とみる聖人の領解においては、衆生救済にあたっての阿弥陀仏の根本的な願いはどこにあるのかを明示しようとされているのであり、本願の語を「根本の願」の意で用いられているのである。

このように阿弥陀仏の根本的な願いがどこにあるのかということをみるのは、親鸞聖人に限ったことではない。先に引いた源空聖人の『選択集』特留章の文をつぶさに示せば、「おほよそ四十八願《がん》みな本願《ほんがん》なりといへども、殊《こと》に念仏《ねんぶつ》をもつて往生《おうじょう》の規《のり》となす」（『註釈版聖典七祖篇』一二二七頁）とあり、念仏往生を誓われた第十八願こそが浄土往生の道を示すものであると述べられ、また、『選択集』特留章には、

四十八願《がん》のなかに、すでに念仏往生《ねんぶつおうじょう》の願《がん》（第十八願）をもつて本願中《ほんがんちゅう》の王《おう》となすといふことを。（『註釈版聖典七祖篇』一二二八頁）

とあるように、法然聖人もまた、根本的な願いとは第十八願であると示されている。

無論、善導大師が『般舟讃』に、「一々の誓願《せいがん》は衆生《しゅじょう》のためなり」（『註釈版聖典七祖篇』七二〇頁）と述べられるように、阿弥陀仏の四十八願はすべて、衆生を救うために起こされたものである。中国の浄影寺慧遠は四十八願につ

いて、摂法身の願（このような仏になりたいという仏自身に関する願い。第十二願・第十三願・第十七願）・摂浄土の願（このような浄土を建立したいという浄土に関する願い。第三十一願・第三十二願）・摂衆生の願（このようにして衆生を救い浄土の徳を与えたいという衆生に関する願い。他の四十三願）という三つに分類するが、摂法身の願も摂浄土の願も、十方の衆生を漏れなく光明の中に摂め取るための願いであり、四十八願のすべては衆生救済の願であることはいうまでもない。

第二項　一願建立と五願開示

先に示したように法然聖人は、『選択集』特留章において、

四十八願《がん》のなかに、すでに念仏往生《ねんぶつおうじょう》の願《がん》（第十八願）をもって本願中《ほんがんちゅう》の王《おう》となすといふことを。

（『註釈版聖典七祖篇』一二二八頁）

と、念仏往生が誓われた第十八願をもって「本願中の王」といわれ、この願をもとに浄土宗の教義体系を組織された。

このような第十八願を中心とする教えの表し方を、一願建立《いちがんこんりゅう》の法門、あるいは四十八願は第十八願におさまるという意から一願該摂《いちがんがいしょう》の法門と言う。

親鸞聖人はこのような第十八願を中心とする本願観を法然聖人より継承されたのであるが、親鸞聖人は第十八願の中身をさらに五つの願（真実五願＝第十一願、第十二願、第十三願、第十七願、第十八願）にそれぞれ当てて、浄土真宗の教義体系を組織された。このように、第十八願の意を五つの願に開いて示された教えを、五願開示《ごがんかいじ》の法門と言う。

法然聖人の一願建立の法門と親鸞聖人の五願開示の法門との関係は、従来一拳五指とたとえられている。握って一つの拳（第十八願一願）と見せようが、開いて五本の指（真実五願）と見せようが、見せ方の違いであり、そのもの自体は違わないというたとえである。すなわち、一願建立の法門も五願開示の法門も、法義そのものが異なっているのではない。

そして、親鸞聖人が、第十八願の意を五願に開かれたことは、教・行・信・

証という衆生の往生の因果のすべてが、阿弥陀仏の本願力の回向によるものであることを明らかにされるためであった。

第十七願

まず『教行信証』において、第十七願（諸仏称名の願）は「行文類」に標願されている。すなわち、

たとひわれ仏《ぶつ》を得《え》たらんに、十方世界《じっぽうせかい》の無量《むりょう》の諸仏《しょぶつ》、ことごとく咨嗟《ししゃ》して、わが名《な》を称《しょう》せずは、正覚《しょうがく》を取《と》らじ。（『註釈版聖典』一四一頁）

であり、十方の諸仏に自らの名である南無阿弥陀仏をほめたたえさせようと誓われている。こうした内容は一見、阿弥陀仏の仏身に関わる自利の願いであるかのようであるが、その本意はひとえに衆生救済の実現にある。名号とは救いのはたらきそのものであり、諸仏による名号讃嘆は、その救いをあらゆる衆生へと行きわたらせるために願われているのである。

親鸞聖人は、衆生が『仏説無量寿経』という教えをいただくことも、またこの経に説かれる南無阿弥陀仏の行をおさめることも、本願の成就によって

回向されたものであることを明らかにされた。すなわち、第十七願は、諸仏が南無阿弥陀仏をほめたたえるということを主とすれば、教の回向を誓われた願となり、諸仏にほめたたえられる南無阿弥陀仏であるということを主とすれば、行の回向を誓われた願となる。

第十八願

次に、第十八願（至心信楽の願）は「信文類」に標されるところで、

たとひわれ仏《ぶつ》を得《え》たらんに、十方《じっぽう》の衆生《しゅじょう》、心《こころ》を至《いた》し信楽《しんぎょう》してわが国《くに》に生《うま》れんと欲《おも》ひて、乃至十念《ないしじゅうねん》せん。もし生《うま》れざれば、正覚《しょうがく》を取《と》らじと。ただ五逆《ごぎゃく》と誹謗正法《ひほうしょうぼう》とを除《のぞ》く。

（『註釈版聖典』二一二頁）

である。親鸞聖人は、この第十八願は、至心・信楽・欲生という本願の三心を衆生に回向することを誓われた願であり、またこれら三心は別々の心ではなく、無疑の信心である信楽の一心におさまると釈されている。すなわち、阿弥陀仏は南無阿弥陀仏の行ばかりでなく、その行のはたらきに疑いなくまかせる信心さえも、本願力の回向により衆生に恵み与えて救おうとされてい

ることを、この第十八願の上に示されるのである。

第十一願

第十一願（必至滅度の願）は「証文類」に標されている。すなわち、

たとひわれ仏《ぶつ》を得《え》たらんに、国《くに》のうちの人天《にんでん》、定聚《じょうじゅ》に住《じゅう》し、かならず滅度《めつど》に至《いた》らずは、正覚《しょうがく》を取《と》らじ。

（『註釈版聖典』三〇七頁）

であり、この第十一願により、行信の因によって得られる滅度の証果もまた、本願力回向の法に他ならないことが示されている。

第十二・十三願

さらに、第十二願（光明無量の願）・第十三願（寿命無量の願）は「真仏土文類」に標されている。それぞれの願文は、

たとひわれ仏《ぶつ》を得《え》たらんに、光明《こうみょう》よく限量《げんりょう》ありて、下百千億那由他《しもひゃくせんおくなゆた》の諸仏《しょぶつ》の国《くに》を照《て》らさざるに至《いた》らば、正覚《しょうがく》を取《と》らじ。

（『註釈版聖典』三三七頁）

たとひわれ仏《ぶつ》を得《え》たらんに、寿命《じゅみょう》よく限量《げんりょう》ありて、下百千億那由他《しもひゃくせんおくなゆた》の劫《こう》に至《いた》らば、正覚《しょうがく》を取《と》らじ。　（同前）

である。これら二願は、文面の上では阿弥陀仏の仏身のみに関する願であるが、親鸞聖人は、「真仏土文類」には、

つつしんで真仏土《しんぶつど》を案《あん》ずれば、仏《ぶつ》はすなはちこれ不可思議光如来《ふかしぎこうにょらい》なり、土《ど》はまたこれ無量光明土《むりょうこうみょうど》なり。しかればすなはち、大悲《だいひ》の誓願《せいがん》に酬報《しゅうほう》するがゆゑに、真《しん》の報仏土《ほうぶつど》といふなり。すでにして願《がん》います、すなはち光明《こうみょう》・寿命《じゅみょう》の願《がん》（第十二・十三願）これなり。（『註釈版聖典』三三七頁）

と、第十二願・第十三願を阿弥陀仏の仏身と仏土のいずれもが光寿無量の徳を具えることを誓われた願と見られている。そしてこの第十二願・第十三願に誓われた仏身・仏土は、行・信の因をえた衆生が証果をえる世界であると同時に、二回向四法という本願力回向の根源としての意義をも有することが

注意されねばならない（本章第三節第二項参照）。

こうして親鸞聖人は、第十八願の内容を、第十一・十二・十三・十七・十八の五願に開き、またこれら五願の内容を真実の教（『仏説無量寿経』）・行（南無阿弥陀仏）・信（無疑の信心）・証（滅度）・真仏・真土の六法をもって示された。そして、これら五願六法により、法然聖人によって説かれた第十八願にもとづく念仏往生の教えとは、衆生往生の因果のすべてを、如来の側から与えて救いとろうという本願力回向にもとづく仏道に他ならないことを明らかにされていかれたのである。

第十八願と五願六法の関係を略示すれば左頁のようである。

第二十二願

なお、これら五願六法に還相《げんそう》回向を誓われた第二十二願（還相回向の願）を加えて、六願七法といわれることもある。還相回向とは、阿弥陀仏が本願力によって衆生に還相（往生成仏の証果を開いた者の利他活動）を与えることを言い、『教行信証』「証文類」には、曇鸞大師の『往生論註』の文（『註釈版聖典』三一三頁以下）によって、その内容が詳しく明かされている。ただし、この第二十二願に誓われた還相回向も、第十八願あるいは五願六法によってあらわされる救いと別個のものでないことには注意が必要である。というのも、第十一願（必至滅度の願）を標願に掲げる「証文類」のなかで、第二十二願にもとづく還相回向が明かされているように、還相は滅度の証果と別のものではなく、滅度の証果に具わる悲用《ひゆう》（慈悲のはたらき）を開いたものと位置付けられる。よって五願六法と六願七法は具略（具《つぶ》さにいうのと、略していうのと）の関係であり、第二十二願の内容もまた、第十八願の法門におさまるものと言えるのである（本章第三節第一項ならびに第五章第二節第三項参照）。

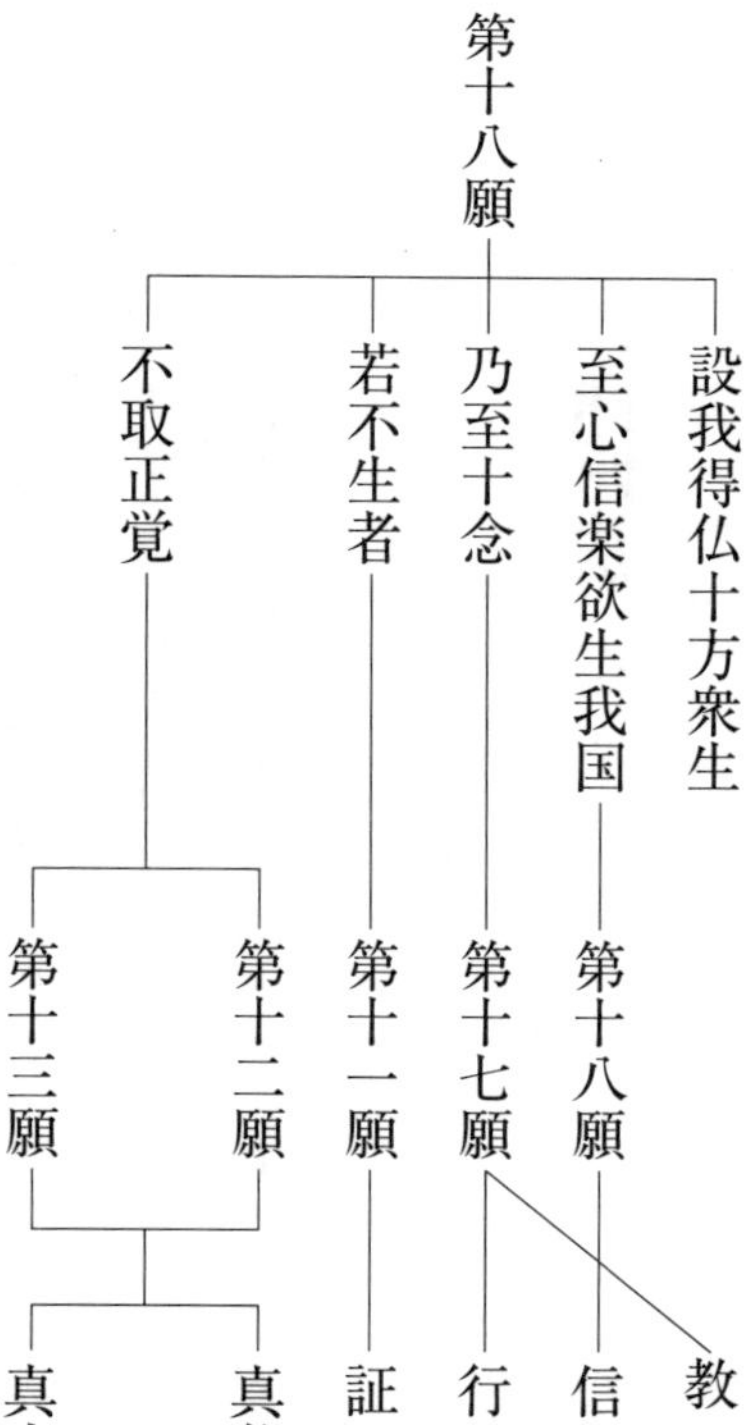

また、親鸞聖人の四十八願観の特色として、法蔵菩薩の願に真仮（真実と方便）をみられたというものがある。これについては、すでに第一章第三節において若干触れたが、第三章第二節第一項において詳説する。

第三節　二回向四法

第一項　二回向四法

浄土真宗の教義の綱格は、『教行信証』「教文類」の冒頭に、

つつしんで浄土《じょうど》真宗《しんしゅう》を案《あん》ずるに、二種《にしゅ》の回向《えこう》あり。一《ひと》つには往相《おうそう》、二《ふた》つには還相《げんそう》なり。往相《おうそう》の回向《えこう》について真実《しんじつ》の教行信証《きょうぎょうしんしょう》あり。

（『註釈版聖典』一三五頁）

と示されるように、二回向四法の体系をもって表わされる。

二回向とは往相・還相の二種の回向のことで、ここで言われる回向とは、『浄土文類聚鈔』に、「しかるに本願力《ほんがんりき》の回向《えこう》に二種《にしゅ》の相《そう》あり。一《ひと》つには往相《おうそう》、二《ふた》つには還相《げんそう》なり」（『註釈版聖典』四七八頁）といわれるように、阿弥陀仏の本願力回向のことである。すなわち、衆生の往相も還相も、阿弥陀仏の本願力の回向によるものであることがあらわされている。親鸞聖人はこの回向の語について、『教行信証』「信文類」に曇鸞大師の『往生論註』の文を、

おほよそ〈回向《えこう》〉の名義《みょうぎ》を釈《しゃく》せば、いはく、おのれが所集《しょしゅう》の一切《いっさい》の功《く》徳《どく》をもつて一切衆生《いっさいしゅじょう》に施与《せよ》したまひて、ともに仏道《ぶつどう》に向《む》かへしめたまふなり　（『註釈版聖典』二四七頁）

と引用され、また『一念多念文意』には、

「回向《えこう》」は本願《ほんがん》の名号《みょうごう》をもつて十方《じっぽう》の衆生《しゅじょう》にあたへたまふ御《み》のりなり。

（『註釈版聖典』六七八頁）

と、ご自身で回向の釈を施されている。すなわち本願力回向とは、阿弥陀仏が自らの智慧と慈悲の功徳のすべてを南無阿弥陀仏という名号にこめて衆生に施し与えられることを言う。

往相

　さて往相とは、往生浄土の相状の意で、衆生が浄土に生まれゆく因果のすがたを言い、具体的には教・行・信・証の四法をもってあらわされる。往相回向とは、これら四法のすべてが本願力の回向によるものであるということをあらわされたものである。

　教・行・信・証の四法とは、教とは釈尊の説かれた『仏説無量寿経』、行とは南無阿弥陀仏、信とは本願の救いに対する無疑の信心、証とは滅度のことを言う。以上の四法は、教とは説かれた言葉、すなわち説明するもの（能《のう》詮《せん》）であり、行・信・証の三法はその教によって説明されたもの（所詮《しょせん》）という能詮・所詮の関係にある。そして行・信・証の三法は、行（南無阿弥陀仏）が衆生に信じられる（所信）ことを因として往生させ、滅度の証果を開かせるのであるから、前述のごとく四法の回向はつづまるところ、名号の回向におさまる。以上の関係を図示したのが以下の図である。

教――――能詮

行――所信 ┐
　　　　　 ├ 因 ┐
信――能信 ┘　　 ├ 所詮
証――――――果 ┘

還相

次に還相とは、還来《げんらい》穢国《えこく》の相状の意で、浄土に往生してさとりを開いたものが、おのずから大悲心をおこしてこの生死の世界に還り来り、自在に衆生を教化するすがたをいう。還相回向とは、阿弥陀仏が本願力によって衆生にこうした還相のはたらきを与えることであり、衆生自らの往生成仏のみならず、仏果を開いてからの利他活動の徳までも恵まれるものであることをあらわされるものである。

なお、還相は証果の内容に他ならず、還相回向は往相回向の利益におさま

る。親鸞聖人が『正像末和讃』に、

南無阿弥陀仏《なもあみだぶつ》の回向《えこう》の　恩徳広大不思議《おんどくこうだいふしぎ》にて
往相回向《おうそうえこう》の利益《りやく》には　還相回向《げんそうえこう》に回入《えにゅう》せり

（『註釈版聖典』六〇九頁）

とあらわされるのも、還相が往相の証果の悲用《ひゆう》（慈悲のはたらき）と位置付けられるものであることを示している（本章第二節第二項参照）。

親鸞聖人はこのように、二回向四法の体系によって浄土真宗の法義をあらわされ、これによって、浄土真宗の仏道とは他力の仏道であり、しかもそれは「利他円満《りたえんまん》の妙位《みょうい》、無上涅槃《むじょうねはん》の極果《ごくか》」（「証文類」、『註釈版聖典』三〇七頁）というこの上ないさとりを実現してゆく最勝の仏道であることを示されている。

第二項　往生門と正覚門

往生浄土の教えは、衆生が阿弥陀仏によって救われてゆく教えであるが、それはそのまま、阿弥陀仏が衆生を救いとってゆく教えでもある。すなわち、衆生が浄土に往生しさとりを開く面、阿弥陀仏が衆生を摂化《せっけ》し救い取ってゆく面、この両面からその教義を見ることができる。

衆生が救われてゆく面から見る見方を「往生門（衆生往生門）」と言う。『教行信証』の真実五巻の構成は、基本的には往生門による教義体系を示している。すなわち、教に示された行・信の因によって証果を開くのであり、その証果は真仏土において開かれると、衆生往生の因果の次第によって示されているのである。

一方、仏がどのように衆生を救うのか、すなわち阿弥陀仏の摂化の面から見る見方を「正覚門（弥陀正覚門）」という。つまり、真仏土という阿弥陀仏自らのさとりの世界から、衆生の救済活動が二回向四法として展開されるという面から見てゆくのである。この場合、衆生の趣入の土としてあった真仏土は、二回向四法の本源として位置づけられる。

すなわち真仏土について、衆生が趣入する世界とみるか（往生門）、衆生を摂化する世界とみるか（正覚門）、この二つの意義をみるものであり、先哲は「安養自然の妙果」（往生門）と「十方摂化の大本」（正覚門）という言葉で表現されている。『教行信証』の真実五巻は、往生門を中心としたあらわし方であって、「真仏土文類」の意義も往生門からする第一の意義を主とするのであるが、往生門も正覚門も一つの事態についての両面を見たものであるから、そこにおのずから正覚門からする第二の意義を含むのである。

回向の本源

なお、「真仏土文類」に二回向四法の本源としての意義が含まれることは、各巻冒頭の出願の文からも窺われる。「行文類」「信文類」「証文類」の出願の文は、それぞれ、

- しかるにこの行《ぎょう》は大悲《だいひ》の願《がん》（第十七願）より出《い》でたり。

（『註釈版聖典』一四一頁）

- この心《しん》すなはちこれ念仏往生《ねんぶつおうじょう》の願《がん》（第十八願）より出《い》でたり。

（『註釈版聖典』二一一頁）

- すなはちこれ必至滅度《ひっしめつど》の願《がん》（第十一願）より出《い》でたり。

（『註釈版聖典』三〇七頁）

といわれ、これにより行・信・証がいずれも本願力によって衆生へ与えられる法であることが示されているわけであるが、「真仏土文類」については、

すでにして願《がん》います、すなはち光明《こうみょう》・寿命《じゅみょう》の願《がん》（第十二・第十三願）これなり。　（『註釈版聖典』三三七頁）

とあるように、異なる表現が用いられている。この「すでにして」という言葉は、真仏・真土を誓われた第十二願・第十三願が、教・行・信・証の施与を誓われた第十七願・第十八願・第十一願に先行するものであることをあらわされるもので、ここに真仏・真土には二回向四法の本源としての性質があるとの意を看取することができる。『正像末和讃』に、

超世《ちょうせ》無上《むじょう》に摂取《せっしゅ》し　選択《せんじゃく》五劫《ごこう》思惟《しゆい》して
光明《こうみょう》・寿命《じゅみょう》の誓願《せいがん》を　大悲《だいひ》の本《ほん》としたまへり　（『註釈版聖典』六〇三頁）

と詠われているなかにも、このような救済の本源としての仏身・仏土の意義があらわされている。

教・行・信・証の四法は、往生門に立って衆生が救われてゆく因果の次第を明かすもの（往生門）であるのに対し、往相・還相の二回向は、往生成仏の成仏道、ならびに成仏後の利他活動のすべてが、阿弥陀仏のさとりの世界からのはたらきかけによって成立していることをあらわすもの（正覚門）である。

「教文類」の冒頭に、

つつしんで浄土《じょうど》真宗《しんしゅう》を案《あん》ずるに、二種《にしゅ》の回向《えこう》あり。一《ひと》つには往相《おうそう》、二《ふた》つには還相《げんそう》なり。往相《おうそう》の回向《えこう》について真実《しんじつ》の教行信証《きょうぎょうしんしょう》あり。

（『註釈版聖典』一三五頁）

と、まず往相・還相の二回向が出されることからすれば、『教行信証』は、正覚門においてあらわされているとも見られるが、構成としては、教・行・

信・証の四法をもととし、証の中に還相が含まれ、最後に真仏土が示されるのであるから、真実五巻は、往生門を中心としたあらわし方になっていると見ることができる。

以上、述べてきたところにしたがって『教行信証』真実五巻に示される法義の関係を図示すれば次のようになる。

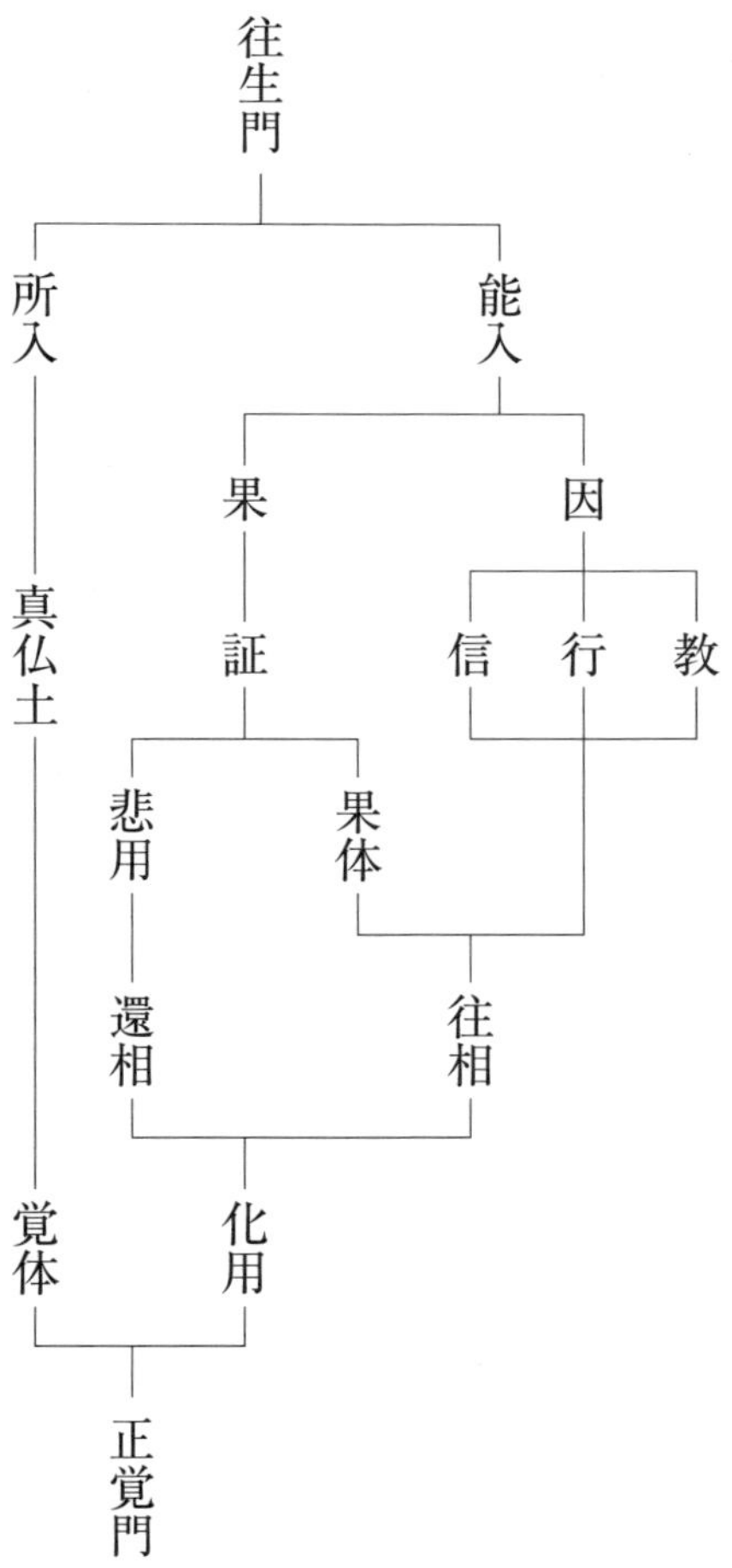

この図の教・行・信・証・真仏土の六法から上の部分が往生門という見方

をあらわしている。すなわち、浄土へ生まれてゆく衆生の側（能入）に立って、教・行・信・証という往相の因果を中心に見るのである。衆生は、教・行・信という往相の因を与えられることで、その証果としての滅度を得てゆくこととなる。この場合、「真仏土」は衆生が往生してゆく世界、すなわち所入の土（入られる世界）となる。

一方、この図の六法から下の部分が正覚門という見方をあらわしている。すなわち、衆生を救いとる仏の側から見ていくのである。この場合、真仏土は阿弥陀仏のさとりそのもの（覚体）であり、すなわち救済の本源と位置付けられる。そして、この真仏土から展開する救済のはたらき（化用《けゆう》）が、往相・還相の二回向である。往相とは、教・行・信という往相の因を与えられ、その証果としての滅度を得てゆくことであり、還相とは、滅度の果に具わる慈悲のはたらき、すなわち証果の悲用なのである。

第三章　聖道の教えと浄土の教え

親鸞聖人がただひたすらに求めていかれたのは、「生死出づべき道」であった。「生死」とは地獄・餓鬼・畜生・修羅・人・天という迷いの境界《きょうがい》（世界）を生まれ変わり死に変わりし続けるあり方のことであり、さとりとはその苦しみの連鎖から解放され、脱け出すことであるから、解脱という。二十年間に及ぶ比叡山での生活は、自らがこの迷いの境界を離れる道は何かを求めていかれた修行の日々であった。しかしながら厳しい修行を重ねれば重ねるほどに見えてくるのは執着《しゅうじゃく》を離れることのできない己の姿であった。その絶望の果てに出遇われた教えこそ、法然聖人の示された専修《せんじゅ》念仏の教えなのである。それは、比叡山において執着を離れるために歩んできた修行の道と異なり、執着を離れることのできない私を摂め取ろうとする如来のはたらきにすべてを乗託する本願他力の浄土の教えであった。本章では、その自らの求道を通して、仏道全体の中における浄土真実の教えの意義を明らかにされた「二双《にそう》四重《しじゅう》」と呼ばれる教相判釈《きょうそうはんじゃく》を中心に、親鸞聖人の仏教観について述べていく。

第一節　親鸞聖人の仏教観

第一項　二双四重の教判

教相判釈の背景

釈尊成道後の四十五年間において説かれた多くの教えは、経典として諸国へ伝えられた。例えばチベットにおいては八世紀末から九世紀にかけて国家事業としてすべての経典を一挙に導入しようと努め、語彙や文法の整備も含めて取り組んだ結果、独自の整然とした仏教体系を有することとなった。それに対し、中国においては一世紀もしくは二世紀ぐらいから多様化した教説のままに、中央アジアより伝播していった。そのため南北朝時代にはどの教説が釈尊の真意を伝えたものであるか、あるいはどの経典が最も勝れたものであるかを判断しようとして、南三北七といわれる十派（揚子江の南に三師三派、揚子江の北に七師七派）がそれぞれの義を立てるに至った。例えば、釈尊の教えはすべて同じ内容を示しているとする主張（「一音教《いっとんきょう》」）や、教えの内容には勝劣があるとする主張（「三時教」「四時教」など）が、主に『華厳経』

を第一としてなされたのであるが、このように、自らの依りどころとする経典を中心にして、釈尊一代の説法を、教えの内容や説かれた時代を定めて分類し（教相を判じ）、解釈する（釈する）ことを「教相判釈（教判）」という。

教相判釈の代表的なものには、天台宗の五時八教判や、華厳宗の五教十宗判などがあるが、いずれにしても自宗が依りどころとする経典の教説を中心として釈尊一代の教説を体系化し、自宗を勝義（第一義）として顕揚することを目的としたものである。

二双四重判

これに対し、親鸞聖人の二双四重の教判はむしろ客観的であり、基本的には全体をAかBかの二つに分けることによって成り立っている。具体的に見てみるならば、『愚禿鈔』上巻に、

　聖道《しょうどう》・浄土《じょうど》の教《きょう》について、二教《にきょう》あり。

　　一には大乗《だいじょう》の教《きょう》、　二には小乗《しょうじょう》の教《きょう》なり。

　大乗教《だいじょうきょう》について、二教《にきょう》あり。

　　一には頓教《とんぎょう》、　二には漸教《ぜんぎょう》なり。

頓教《とんぎょう》について、また二教《にきょう》・二超《にちょう》あり。

二教《にきょう》とは、

一には難行《なんぎょう》聖道《しょうどう》の実教《じっきょう》なり。いはゆる仏心《ぶっしん》・真言《しんごん》・法華《ほっけ》・華厳《けごん》等《とう》の教《きょう》なり。

二には易行《いぎょう》浄土《じょうど》本願《ほんがん》真実《しんじつ》の教《きょう》、『大《だい》無量寿経《むりょうじゅきょう》』等《とう》なり。

二超《にちょう》とは、

一には竪超《しゅちょう》　即身是仏《そくしんぜぶつ》・即身成仏《そくしんじょうぶつ》等の証果《しょうか》なり。

二には横超《おうちょう》　選択本願《せんじゃくほんがん》・真実報土《しんじつほうど》・即得往生《そくとくおうじょう》なり。

漸教《ぜんぎょう》について、また二教《にきょう》・二出《にしゅつ》あり。

二教《にきょう》とは、

一には難行道聖道権教《なんぎょうどうしょうどうごんきょう》、法相等《ほっそうとう》、歴劫修行《りゃくこうしゅぎょう》の教《きょう》なり。

二には易行道浄土《いぎょうどうじょうど》の要門《ようもん》、『無量寿仏観経《むりょうじゅぶっかんぎょう》』の意《こころ》、定散《じょうさん》・三福《さんぷく》・九《く》品《ぼん》の教《きょう》なり。

二出《にしゅつ》とは、

一には竪出《しゅしゅつ》　聖道《しょうどう》、歴劫修行《りゃくこうしゅぎょう》の証《しょう》なり。

二には横出《おうしゅつ》　浄土《じょうど》、胎宮《たいぐ》・辺地《へんじ》・懈慢《けまん》の往生《おうじょう》なり。

小乗教《しょうじょうきょう》について、二教《にきょう》あり。

一には縁覚教《えんがくきょう》　一に麟喩独覚《りんゆどくかく》、二に部行独覚《ぶぎょうどくかく》。

二には声聞教《しょうもんぎょう》なり。　初果《しょか》・預流向《よるこう》、第二果《だいにか》・一来向《いちらいこう》、第三果《だいさんか》・不《ふ》還向《げんこう》、第四果《だいしか》・阿羅漢向《あらかんこう》、八輩《はっぱい》なり。

ただ阿弥陀如来《あみだにょらい》の選択本願《せんじゃくほんがん》を除《のぞ》きて以外《いげ》の、大小《だいしょう》・権実《ごんじつ》・顕密《けんみつ》の諸《しょ》教《きょう》は、みなこれ難行道《なんぎょうどう》、聖道門《しょうどうもん》なり。また易行道《いぎょうどう》、浄土門《じょうどもん》の教《きょう》は、これを浄土回向発願自力方便《じょうどえこうほつがんじりきほうべん》の仮門《けもん》といふなりと、知《し》るべし。

（『註釈版聖典』五〇一頁）

とあり、全体を、聖道と浄土、大乗と小乗、頓教と漸教、難行道と易行道、横と竪、超と出という二項により分類したものであることが知られる。このうち、横・竪、超・出については、それがどのような仏道であり、またどのように生死を離れて証果に至るのかということを示すものであって、この二双四重判の基軸となるものである。すなわち、『愚禿鈔』上巻の説示を整理

すれば、

- 大乗教
  - 頓教
    - 竪超—難行、聖道の実教、仏心・真言・法華・華厳等の教
    - 横超—易行、浄土本願真実の教、『大無量寿経』等
  - 漸教
    - 竪出—難行道、聖道権教、法相等、歴劫修行の教
    - 横出—易行道、浄土要門、『無量寿仏観経』の意、定散・三福・九品の教
- 小乗教（縁覚教・声聞教）

となるが、「横・竪」「超・出」という概念をもって仏道の全体を竪超・横超・竪出・横出の四つに分類されるので、これを「二双四重の教判」と呼ぶ。

ここでは大乗の全体を、まず頓教と漸教とに大きく分ける。頓教と漸教とは、それぞれ超と出、すなわちその教えを受けた機（衆生）がどのように生死を離れるか、ということにおける分類である。『教行信証』「信文類」の「横超断四流釈」に、

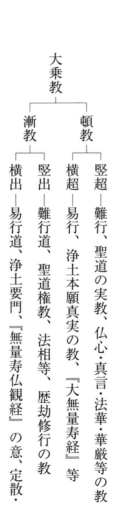

横超《おうちょう》とは、横《おう》は竪超《しゅちょう》・竪出《しゅしゅつ》に対《たい》す、超《ちょう》は迂《う》に対《たい》し回《え》に対《たい》するの言《ことば》なり。竪超《しゅちょう》とは大乗真実《だいじょうしんじつ》の教《きょう》なり。竪出《しゅしゅつ》とは大乗権方便《だいじょうごんほうべん》の教《きょう》、二乗《にじょう》・三乗《さんじょう》迂回《うえ》の教《きょう》なり。横超《おうちょう》とはすなはち願成就一実円満《がんじょうじゅいちじつえんまん》の真教《しんきょう》、真宗《しんしゅう》これなり。また横出《おうしゅつ》あり、すなはち三輩《さんぱい》・九品《くぼん》、定散《じょうさん》の教《きょう》、化土《けど》・懈慢《けまん》、迂回《うえ》の善《ぜん》なり。

（『註釈版聖典』二五四頁）

とあるように、「超」と「出」とは対立する概念として、「超は迂に対し回に対するの言なり」と捉えられている。「迂・回」という文字の意味からすれば「遠回りする」ということになるが、それは聖人にとって「生死出づべき道」ではなく、自身が迷いの境界を離れることができる道でないことをあらわされているのである。この違いに親鸞聖人の仏教観の特色がある。先に示したとおり、一般的に教相判釈とは教えの勝劣を問題とし、自宗の正依の教説を仏教全体の中でどのように位置づけるかということを主眼になされているといえるが、聖人の二双四重判は、自身がどのような仏道を歩んで生死を離れるのかということにおいて、釈尊一代の教説を俯瞰したものといえよう。頓教と漸教の語の示すところが、教相に対する判釈から自身の仏道がいかなるものであるかという点で捉え直されているのは、二十年に及ぶ比叡山での修行を離れ、法然聖人の示される本願他力の教えに帰された聖人の求道の表出ともいえる。

このことはまた、この二双四重判のもう一つの軸である「竪・横」についても同様である。『教行信証』の「化身土文類」には、

おほよそ一代《いちだい》の教《きょう》について、この界《かい》のうちにして入聖得果《にっしょうとくか》するを聖道門《しょうどうもん》と名《な》づく、難行道《なんぎょうどう》といへり。この門《もん》のなかについて、大《だい》・小《しょう》、漸《ぜん》・頓《とん》、一乗《いちじょう》・二乗《にじょう》・三乗《さんじょう》、権《ごん》・実《じつ》、顕《けん》・密《みつ》、竪出《しゅしゅつ》・竪超《しゅちょう》あり。すなはちこれ自力《じりき》、利他教化地《りたきょうけじ》、方便権門《ほうべんごんもん》の道路《どうろ》なり。安養浄刹《あんにょうじょうせつ》にして入聖証果《にっしょうしょうか》するを浄土門《じょうどもん》と名《な》づく、易行道《いぎょうどう》といへり。この門《もん》のなかについて、横出《おうしゅつ》・横超《おうちょう》、仮《け》・真《しん》、漸《ぜん》・頓《とん》、助正《じょしょう》・雑行《ぞうぎょう》、雑修《ざっしゅ》・専修《せんじゅ》あるなり。正《しょう》とは五《ご》種《しゅ》の正行《しょうぎょう》なり。助《じょ》とは名号《みょうごう》を除《のぞ》きて以外《いげ》の五種《ごしゅ》これなり。雑行《ぞうぎょう》とは、

正助《しょうじょ》を除《のぞ》きて以外《いげ》をことごとく雑行《ぞうぎょう》と名《な》づく。これすなはち横出《おうしゅつ》・漸《ぜん》教《ぎょう》、定散《じょうさん》・三福《さんぷく》、三輩《さんぱい》・九品《くぼん》、自力仮門《じりきけもん》なり。横超《おうちょう》とは、本願《ほんがん》を憶念《おくねん》して自力《じりき》の心《しん》を離《はな》る、これを横超他力《おうちょうたりき》と名《な》づくるなり。これすなはち専《せん》のなかの専《せん》、頓《とん》のなかの頓《とん》、真《しん》のなかの真《しん》、乗《じょう》のなかの一乗《いちじょう》なり。これすなはち真宗《しんしゅう》なり。すでに真実行《しんじつぎょう》のなかに顕《あらわ》しをはんぬ。

（『註釈版聖典』三九四頁）

とあるが、「この界のうちにして入聖得果するを聖道門と名づく、難行道といへり」「安養浄刹にして入聖証果するを浄土門と名づく、易行道といへり」とあるように、この世界における成仏（此土入聖《しどにっしょう》）を目指すのが聖道門であり、阿弥陀仏の浄土における成仏（彼土得証《ひどとくしょう》）を目指すのが浄土門である。二十年に及ぶ比叡山での修行を離れ、自らの「生死出づべき道」は法然聖人の示される本願他力の教え以外にはないと信知された親鸞聖人にとって、聖道門の実教と分類される「竪超」の教えもまた、「信文類」の「横超断四流釈」に「大乗真実の教なり」とあっても、それは親鸞聖人自身にとっての「生死出づべき道」ではなかったのである。

この二双四重判は基本的には大乗についての判釈であるが、「縁覚教・声聞教」と示されている小乗の教えも聖人にとって「生死出づべき道」ではなかった。それは、この教判末の文に、「大小・権実・顕密の諸教は、みなこれ難行道、聖道門なり」とあり、「横超断四流釈」に「竪出とは大乗権方便の教、二乗・三乗迂回の教なり」と示されていることから、竪出すなわち漸教として難行道（歴劫修行の教）に収められていることが知られるところである。聖人にとって、「竪」「出」に分類される教えはみな、「生死出づべき道」ではなく、横超すなわち本願他力の教え以外に迷いの境界を離れる道はない。右に示した「化身土文類」の「これを横超他力と名づくるなり。これすなはち専のなかの専、頓のなかの頓、真のなかの真、乗のなかの一乗なり。これすなはち真宗なり」という言葉は、その宣揚といえよう。

このように、『愚禿鈔』上巻に示された二双四重判は、自身の仏道を釈尊一代の教説の中でどのように位置づけるかということについて、頓教・漸教ということを中心に示されたものであり、一般的な教相判釈ではない。そしてその仏道が如来の本願他力によって成立するものであることを示すのが、『愚禿鈔』下巻に示される教相判釈である。すなわち、善導大師の『観経疏』「三心釈」の内容が整理される中で、

「一つには至誠心《しじょうしん》」といふは、至《し》とは真《しん》なり、誠《じょう》とは実《じつ》なり。すなはち真実《しんじつ》なり。真実《しんじつ》に二種《にしゅ》あり。

一には自利真実《じりしんじつ》なり。

難行道《なんぎょうどう》　聖道門《しょうどうもん》

竪超《しゅちょう》　即身是仏《そくしんぜぶつ》・即身成仏《そくしんじょうぶつ》、自力《じりき》なり。

竪出《しゅしゅつ》　自力《じりき》のなかの漸教《ぜんぎょう》、歴劫修行《りゃくこうしゅぎょう》なり。

二には利他真実《りたしんじつ》なり。

易行道《いぎょうどう》　浄土門《じょうどもん》

横超《おうちょう》　如来《にょらい》の誓願他力《せいがんたりき》なり。

横出《おうしゅつ》　他力《たりき》のなかの自力《じりき》なり。定散諸行《じょうさんしょぎょう》なり。

自利《じり》真実《しんじつ》について、また二種《にしゅ》あり。

一には厭離《えんり》真実《しんじつ》なり。

聖道門《しょうどうもん》　難行道《なんぎょうどう》

竪出《しゅしゅつ》　自力《じりき》

竪出《しゅしゅつ》とは難行道《なんぎょうどう》の教《きょう》なり、厭離《えんり》をもつて本《ほん》とす、自力《じりき》の心《しん》なるがゆゑなり。

二には欣求《ごんぐ》真実《しんじつ》なり。

浄土門《じょうどもん》　易行道《いぎょうどう》

横出《おうしゅつ》　他力《たりき》

横出《おうしゅつ》とは易行道《いぎょうどう》の教《きょう》なり、欣求《ごんぐ》をもつて本《ほん》とす、なにをもつてのゆゑに、願力《がんりき》によりて生死《しょうじ》を厭捨《えんしゃ》せしむるがゆゑなりと。

（『註釈版聖典』五一九頁）

と明かされているのであるが、ここではその道が自力であるか他力であるかによって、「竪超・竪出、横超・横出」の分類がなされている。

『尊号真像銘文』には、『仏説無量寿経』の「横截五悪趣悪趣自然閉」の文を釈するなかで、

「横截《おうぜつ》五《ご》悪趣《あくしゅ》悪趣《あくしゅ》自然《じねん》閉《ぺい》」といふは、「横《おう》」はよこさまといふ、よこさまといふは如来《にょらい》の願力《がんりき》を信《しん》ずるゆゑに行者《ぎょうじゃ》のはからひにあらず、五悪趣《ごあくしゅ》を自然《じねん》にたちすて四生《ししょう》をはなるるを横《おう》といふ、他力《たりき》と申《もう》すなり、これを横《おう》超《ちょう》といふなり。横《おう》は竪《しゅ》に対《たい》することばなり、超《ちょう》は迂《う》に対《たい》することばなり、竪《しゅ》はたたさま、迂《う》はめぐるとなり。竪《しゅ》と迂《う》とは自力《じりき》聖道《しょうどう》のこころなり、横超《おうちょう》はすなはち他力《たりき》真宗《しんしゅう》の本意《ほんい》なり。

（『註釈版聖典』六四六頁）

といわれているが、「横」の意味するところが如来の本願力であり、「他力」であって、「行者」のはからいではないことが示されている。ここで「横」は「よこさま」、「竪」は「たたさま」と釈されているが、「よこさま」とは、普通ではないこと、通常とは異なることを意味する言葉であり、一方「たたさま」とは、通常であることを意味する言葉である。『一念多念文意』に、

竪《しゅ》と申《もう》すはたたさまと申《もう》すことばなり。これは聖道《しょうどう》自力《じりき》の難行道《なんぎょうどう》の人《ひと》なり。横《おう》はよこさまにといふなり、超《ちょう》はこえてといふなり。これは、仏《ぶつ》の大願業力《だいがんごうりき》の船《ふね》に乗《じょう》じぬれば、生死《しょうじ》の大海《だいかい》をよこさまにこえて、真実報《しんじつほう》土《ど》の岸《きし》につくなり。

（『註釈版聖典』六八〇頁）

といわれているように、「よこさま」ということの内容は如来の本願力に乗じることであり、行者のはからいを離れ、浄土に往生して仏果をえることが、通常の仏道に対して超え勝れていることを示すものであるが、それはとりもなおさず、通常の仏道によるならば迷いの境界を離れることなどできるはずのない私であるということを示すものであることを忘れてはならない。

第二項　他力の仏道

親鸞聖人の二双四重判により、聖人自身の仏道が釈尊一代の教説の中でどのように位置づけられるかが明らかとなったが、「化身土文類」に、これを横超他力《おうちょうたりき》と名《な》づくるなり。これすなはち専《せん》のなかの専《せん》、頓《とん》のなかの頓《とん》、真《しん》のなかの真《しん》、乗《じょう》のなかの一乗《いちじょう》なり。これすなはち真宗《しんしゅう》なり。

（『註釈版聖典』三九五頁）

といわれるように、それは他力によって成立する仏道であった。「他力」ということを示されたのは、七高僧の中の第三祖曇鸞大師である。その著『往生論註』の冒頭には、

難行・易行

つつしみて龍樹菩薩《りゅうじゅぼさつ》の『十住毘婆沙《じゅうびばしゃ》』（易行品・意）を案《あん》ずるに、いはく、「菩薩《ぼさつ》、阿毘跋致《あびばっち》を求《もと》むるに、二種《しゅ》の道《どう》あり。一には難行道《なんぎょうどう》、二には易《い》行道《ぎょうどう》なり」と。

（『註釈版聖典七祖篇』四七頁）

といわれ、龍樹菩薩の『十住毘婆沙論』には仏道に二つの道、すなわち難行道と易行道とがあると示されているといわれる。これは、龍樹菩薩の『十住

毘婆沙論』「易行品」の初めの部分に、

もし諸仏《しょぶつ》の所説《しょせつ》に、易行道《いぎょうどう》にして疾《と》く阿惟越致地《あゆいおっちじ》に至《いた》ることを得《う》る方《ほう》便《べん》あらば、願《ねが》はくはためにこれを説《と》きたまへと。

（『註釈版聖典七祖篇』四頁）

といわれ、

仏法《ぶっぽう》に無量《むりょう》の門《もん》あり。世間《せけん》の道《どう》に難《なん》あり易《い》あり。陸道《ろくどう》の歩行《ぶぎょう》はすなはち苦《くる》しく、水道《すいどう》の乗船《じょうせん》はすなはち楽《たの》しきがごとし。菩薩《ぼさつ》の道《どう》もまたかくのごとし。あるいは勤行《ごんぎょう》精進《しょうじん》のものあり、あるいは信方便《しんほうべん》易行《いぎょう》をもつて疾《と》く阿惟越致《あゆいおっち》に至《いた》るものあり。

（『註釈版聖典七祖篇』五頁）

といわれることを承けられたものである。曇鸞大師はこの二道について、どうして「難」であり、また「易」であるのかを次のように述べられている。

自力・他力

「難行道《なんぎょうどう》」とは、いはく、五濁《ごじょく》の世《よ》、無仏《むぶつ》の時《とき》において阿毘跋致《あびばっち》を求《もと》むるを難《なん》となす。この難《なん》にすなはち多途《たず》あり。ほぼ五三をいひて、もつて義《ぎ》の意《こころ》を示《しめ》さん。一には外道《げどう》の相善《しょうぜん》は菩薩《ぼさつ》の法《ほう》を乱《みだ》る。二には声聞《しょうもん》は自利《じり》にして大慈悲《だいじひ》を障《さ》ふ。三には無顧《むこ》の悪人《あくにん》は他《た》の勝徳《しょうとく》を破《やぶ》る。四には顛倒《てんどう》の善果《ぜんか》はよく梵行《ぼんぎょう》を壊《こぼ》つ。五にはただこれ自力《じりき》にして他力《たりき》の持《たも》つなし。かくのごとき等《ら》の事《じ》、目《め》に触《ふ》るるにみなこれなり。たとへば陸《りく》路《ろ》の歩行《ぶぎょう》はすなはち苦《くる》しきがごとし。「易行道《いぎょうどう》」とは、いはく、ただ信《しん》仏《ぶつ》の因縁《いんねん》をもつて浄土《じょうど》に生《しょう》ぜんと願《がん》ずれば、仏願力《ぶつがんりき》に乗《じょう》じて、すなはちかの清浄《しょうじょう》の土《ど》に往生《おうじょう》を得《え》、仏力住持《ぶつりきじゅうじ》して、すなはち大乗正定《だいじょうしょうじょう》の聚《じゅ》に入《い》る。正定《しょうじょう》はすなはちこれ阿毘跋致《あびばっち》なり。たとへば水路《すいろ》に船《ふね》に乗《じょう》ずればすなはち楽《たの》しきがごとし

（『註釈版聖典七祖篇』四七頁）

難行道とは、菩薩が自らの力でさとりを求めて進む道である。龍樹菩薩はその難行道は、さまざまの行（諸）を必要とし、長い時（久）をかけなくてはな

らず、しかも退堕の危険（堕）をはらんでいるという、いわゆる諸《しょ》・久《く》・堕《だ》の三難があると示されているが、曇鸞大師はそれが「難」である理由について、五つの理由を挙げる。その中心となるのは五番目の「ただこれ自力にして他力の持つなし」である。

一方、易行道が「易」である理由について、大師は、「信仏の因縁」をもって「仏願力に乗じ」るためであるという。すなわち、易行の示すところは、単に安易に行うことができる行ということではなく、「仏力住持」することにおいて、間違いなく「大乗正定の聚に入」り、阿毘跋致に至るからである。難行道に諸・久・堕の三難があると示されていることからすれば、その易行の道は一・速・不退の道であるといえる。

龍樹菩薩自身も、「易行品」冒頭の問いにおいて「諸仏の所説に、易行道にして疾く阿惟越致地に至ることを得る方便」とあり、またその易行を「信方便の易行」と位置づけるが、この場合の「方便」とはどのような意味なのだろうか。それは曇鸞大師の『往生論註』に、

「般若《はんにゃ》」といふは、如《にょ》に達《たっ》する慧《え》の名《な》なり。「方便《ほうべん》」といふは、権《ごん》に通《つう》ずる智《ち》の称《しょう》なり。如《にょ》に達《たっ》すればすなはち心行《しんぎょう》寂滅《じゃくめつ》なり。権《ごん》に通《つう》ずればすなはちつぶさに衆機《しゅき》を省《かえり》みる。機《き》を省《かえり》みる智《ち》、つぶさに応《おう》じてしかも無《む》知《ち》なり。寂滅《じゃくめつ》の慧《え》、また無知《むち》にしてつぶさに省《かえり》みる。しかればすなはち智慧《ちえ》と方便《ほうべん》とあひ縁《えん》じて動《どう》じ、あひ縁《えん》じて静《じょう》なり。動《どう》の静《じょう》を失《しっ》せざることは智慧《ちえ》の功《こう》なり。静《じょう》の動《どう》を廃《はい》せざることは方便《ほうべん》の力《ちから》なり。このゆゑに智慧《ちえ》と慈悲《じひ》と方便《ほうべん》とは般若《はんにゃ》を摂取《せっしゅ》し、般若《はんにゃ》は方便《ほうべん》を摂取《せっしゅ》す。

（『註釈版聖典七祖篇』一四七頁）

と示され、また、「阿弥陀如来の方便荘厳真実清浄無量の功徳の名号によりて生ず」といわれるように、「方便」とは如来の智慧と慈悲とが具体的なはたらきとなってあらわれるところの善巧《ぜんぎょう》方便であり、衆生救済に向けた如来のはたらきのことに他ならない。そして衆生救済の如来のはたらきは信心を領受するところに成立するとした教示が、「信方便の易行」なのであるから、曇鸞大師はそのことを「他力」という言葉で明確にされたといえよう。

　このような教示を承けて、親鸞聖人は『教行信証』の「行文類」他力釈において、

　他力《たりき》といふは如来《にょらい》の本願力《ほんがんりき》なり。

（『註釈版聖典』一九〇頁）

と示される。すなわち、他力とは如来がその本願にもとづき衆生を済度しようとする利他のはたらきに他ならず、この利他のはたらきについて、『往生論註』には、

　他利《たり》と利他《りた》と、談《だん》ずるに左右《さう》あり。もし仏《ぶつ》よりしていはば、よろしく利《り》他《た》といふべし。衆生《しゅじょう》よりしていはば、よろしく他利《たり》といふべし。いままさに仏力《ぶつりき》を談《だん》ぜんとす。このゆゑに「利他《りた》」をもつてこれをいふ。まさにこの意《こころ》を知《し》るべし。

（『註釈版聖典七祖篇』一五五頁）

と示されている。衆生が歩む往生浄土の道について、仏の側からいえば利他

といい、衆生の側からいえば他利ということができると示されているのであるが、ここに浄土教の特色があり、親鸞聖人の二双四重の教判が、相対する二項によって成立している根本的な理由がある。

他力すなわち本願力とは、法蔵菩薩因位の誓願が成就し、阿弥陀仏の果徳となってはたらいているということであるから、これは阿弥陀仏の衆生を摂化するはたらきに他ならない。衆生の往生浄土はそのまま如来の衆生摂化のはたらきなのである。「他力」という言葉はそのことを表している。

親鸞聖人の自力

一方「自力」ということについて、親鸞聖人は『一念多念文意』に、

自力《じりき》といふは、わが身《み》をたのみ、わがこころをたのむ、わが力《ちから》をはげみ、わがさまざまの善根《ぜんごん》をたのむひとなり。（『註釈版聖典』六八八頁）

と示されているが、これこそが通常の仏道であり、親鸞聖人の二十年間におよぶ比叡山での修行に他ならない。しかし、いくら自らをたのみ、厳しい修行に励んでも、とらわれやはからいを離れることが出来ない凡夫であること

を思い知らされたとき、そのことをかねてより知って本願を建立し、はたらきつづけている如来のいることを知らされた。そのとき、これまでの自力の修行もまた、如来のはたらきかけの中にあったことを知らされ、気づかされることが、本願力に遇うということなのである。

このように通常の仏道とは別に、如来の本願力に乗託する往生浄土の仏道がある、そのことを示されたのが道綽禅師の聖浄二門判であった。

聖道門・浄土門

道綽禅師の『安楽集』には、一切の衆生に仏性があり、過去に無数の仏の許で仏道を歩んできたはず（これは、現在大乗の教えに出遇っているのはその因縁によるからとされる）なのにどうして生死輪廻し続けるのかという問いを立て、その答えとして、

大乗《だいじょう》の聖教《しょうぎょう》によるに、まことに二種《しゅ》の勝法《しょうぼう》を得《え》て、もつて生死《しょうじ》を排《はら》はざるによる。ここをもつて火宅《かたく》を出《い》でず。何者《なにもの》をか二となす。一にはいはく聖道《しょうどう》、二にはいはく往生浄土《おうじょうじょうど》なり。（『註釈版聖典七祖篇』二四一頁）

と述べられている。この釈によって明らかになるところは、往生浄土の道もまた生死輪廻を離れる仏道に他ならないが、その道は聖道すなわち通常の仏道とは別にあるということである。言葉を換えていえば、往生浄土の道が一つの仏道体系として確立しているということに他ならない。すなわち、浄土教は他宗の一部に仮住まいするべき教え（寓宗《ぐうしゅう》）ではないことを示すもので、浄土教の教判は道綽禅師を嚆矢とするともいえよう。

浄土宗の独立

そのことを日本において一宗の独立として示されたのが法然聖人である。法然聖人の『選択集』は浄土教が一つの仏道体系として成立していることを明らかにして、それまで寓宗と位置づけられていた浄土の教えを一宗として独立することを示したものであり、その冒頭に左記に引用した『安楽集』の文を示されるのは、この書がそのことを宣言するものであることを表している。道綽禅師の仏道観は、先の文につづいて、

> その聖道《しょうどう》の一種《しゅ》は、今《いま》の時証《ときしょう》しがたし。一には大聖《だいしょう》（釈尊）を去《さ》ること遥遠《ようおん》なるによる。二には理《り》は深《ふか》く解《さとり》は微《み》なるによる。このゆゑに『大集《だいじゅう》

『月蔵経』（意）にのたまはく、「わが末法の時のうちに、億々の衆生、行《ぎょう》を起《おこ》し道《どう》を修《しゅ》すれども、いまだ一人《にん》として得《う》るものあらず」と。当今《とうこん》は末法《まっぽう》にして、現《げん》にこれ五濁悪世《じょくあくせ》なり。ただ浄土《じょうど》の一門《もん》のみありて、通入《つうにゅう》すべき路《みち》なり。

（『註釈版聖典七祖篇』二四一頁）

とあるように、一つには末法という時代性と、五濁の世における機根のありようを見据えたものであったが、それは禅師だけではなく、出家在家を問わず、同じ時代を生きるすべてのものが、この浄土の教えにより救われていかなければならないという強い確信であり、そこに法然聖人が浄土の一宗を独立させなければならなかった理由がある。

親鸞聖人の二双四重の教判は、まさに教相において他力念仏の道を判釈したものであったが、それでは、他力念仏の行者とそうでないものとは、どのように位置づけられているのであろうか。

真仮偽判

第三項　真実の教えと仮偽の教え

『教行信証』「信文類」には、

「真《しん》の仏弟子《ぶつでし》」（散善義 四五七）といふは、真《しん》の言《ごん》は偽《ぎ》に対《たい》し仮《け》に対《たい》するなり。弟子《でし》とは釈迦《しゃか》・諸仏《しょぶつ》の弟子《でし》なり、金剛心《こんごうしん》の行人《ぎょうにん》なり。この信行《しんぎょう》によりてかならず大涅槃《だいねはん》を超証《ちょうしょう》すべきがゆゑに、真《しん》の仏弟子《ぶつでし》といふ。

（『註釈版聖典』二五六頁）

とあり、「真の仏弟子」とは、釈迦諸仏の弟子であり、金剛心の行人であって、阿弥陀仏の本願を信行して大涅槃を超証するものであると示されている。また、「仮」「偽」についてはそれぞれ、

仮《け》といふは、すなはちこれ聖道《しょうどう》の諸機《しょき》、浄土《じょうど》の定散《じょうさん》の機《き》なり。

（『註釈版聖典』二六五頁）

偽《ぎ》といふは、すなはち六十二見《ろくじゅうにけん》・九十五種《くじゅうごしゅ》の邪道《じゃどう》これなり。（同前）

と示されている。このように、外道を含むすべての教えについて、真・仮・偽というカテゴリーで分類されていることをもって、これを「真仮偽判」とも呼ぶが、ここで問題にされているのは基本的には「真の仏弟子」であるか否かであり、教相ではなく行人の問題である。

仮の教えとは、右の文からも明らかなように、聖道の教えと、浄土の教えの中の要真二門のことである。仮の教えによって仏道を歩むものは、結局成仏を実現することができない仮の仏弟子となる。偽の教えとして示されている六十二見とは、『涅槃経』に説かれている五蘊《ごうん》（色受想行識）と我に関する六十二の見解のことである。例えば、我と色との関係で考えれば、「我は色の中にある」「色は我の中にある」「色に離れて我がある」「色に即して我がある」という四種の見解を立てるものであり、これを五蘊のそれぞれに立てるので二十見となる。さらに、それぞれを三世について考えるので六十見となり、これにその邪見の根本となる「常見」「断見」の二見を加えて六十二見になるというものである。端的にいえば輪廻と解脱に関する誤った見解を総じて六十二見と呼んでいるのである。また、九十五種の邪道についてはその数え方が一律ではないが、一説には釈尊当時の仏教以外の六人の新思想家（六師外道）について、それぞれ十五人の弟子がおり、師弟を合わせて九十六人の宗教的指導者がいたという。そのうち一人は仏教の一流派に酷似していたため、これを省いて九十五種の外道といわれる。六十二見にしても九十五種の邪道にしても、いずれも邪見であり、仏教以外のすべての教えを意味している。仏教者のすがたをとりながら偽の教えによっているものは、また偽の仏弟子といわざるをえない。これについては、たとえば『正像末和讃』に、

五濁《ごじょく》増《ぞう》のしるしには　この世《よ》の道俗《どうぞく》ことごとく
外儀《げぎ》は仏教《ぶっきょう》のすがたにて　内心外道《ないしんげどう》を帰敬《ききょう》せり

（『註釈版聖典』六一八頁）

かなしきかなや道俗《どうぞく》の　良時《りょうじ》・吉日《きちにち》えらばしめ
天神《てんじん》・地祇《じぎ》をあがめつつ　卜占祭祀《ぼくせんさいし》つとめとす
（同前）

と歎かれている。

すなわち親鸞聖人は、仏教内外の教えについて、諸仏の本意である阿弥陀仏の本願にかなった真実の教えと、それに反する邪義の教え、そして真実に導くための権仮《ごんけ》方便の教えという分類で示されるのである。親鸞聖人の主著である『教行信証』は、浄土真実の教えを示される前五巻に対し、後一巻の「化身土文類」は浄土方便の教えを示されており、その中で仮と偽とについて詳説されている。つまり、『教行信証』全体が、真仮偽判の体系を示されたものといえるのである。

真の仏弟子

この真仮偽判について留意しておくべきことは、これが機についての分類であるということである。すなわち、真の仏弟子に対して、仮の仏弟子（聖道の諸機、浄土の定散の機）を示されるのであり、「偽」についてそれを示す語がないのは、それが実質的には仏弟子でもなく、仏法に対する機でもない

からである。この「真の仏弟子」の語は、同じく「信文類」に『観経疏』「散善義」の文を引く中、

また深信《じんしん》するもの、仰《あお》ぎ願《ねが》はくは一切《いっさい》の行者等《ぎょうじゃとう》、一心《いっしん》にただ仏語《ぶつご》を信《しん》じて身命《しんみょう》を顧《かえり》みず、決定《けつじょう》して行《ぎょう》によりて、仏《ぶつ》の捨《す》てしめたまふをばすなはち捨《す》て、仏《ぶつ》の行《ぎょう》ぜしめたまふをばすなはち行《ぎょう》ず。仏《ぶつ》の去《さ》らしめたまふ処《ところ》をばすなはち去《す》つ。これを仏教《ぶっきょう》に随順《ずいじゅん》し、仏意《ぶつい》に随順《ずいじゅん》すと名《な》づく。これを仏願《ぶつがん》に随順《ずいじゅん》すと名《な》づく。これを真《しん》の仏弟子《ぶつでし》と名《な》づく。

（『註釈版聖典』二一八頁）

とあることから考えれば、「仏の捨てしめたまふをばすなはち捨て、仏の行ぜしめたまふをばすなはち行ず。仏の去らしめたまふ処をばすなはち去」ているか否かという行者の問題であり、また仏教に随順し、仏意に随順し、仏願に随順しているか否かという機の問題なのである。つまりは、真仮偽判で問われているのは、先に引いた「信文類」の御自釈《ごじしゃく》からも明らかなように、

仏道を修めるもの、すなわちこの私が真の仏弟子であるか否かということに他ならない。

「化身土文類」において要真二門について述べられた後に、親鸞聖人自身の宗教体験として三願転入（第一章第三節参照）について示されていることも、真仮偽の問題が教法の問題であると同時にそれを受ける機の側の問題だからであろう。

また「化身土文類」末における外教《げきょう》批判が、六十二見・九十五種の邪道に対する批判というよりも、もっぱら仏法僧三宝への帰依を勧め、諸天鬼神への帰依を誡めること、あるいは日月星辰二十八宿は仏意をもって配置されていることを示すことによって日時方角の吉凶禍福を占うことが無意味であると示すこと、また、魔女の離暗やその父魔王破旬すらも仏に帰依して護法神となることを示すことにその大半を割いていることも、法を受ける機の側の問題であることを表しているといえよう。

先に示した二双四重の教判が、教法そのものを頓・漸、自力・他力で分類されていたのに対し、真仮偽判は機に対して示されたものであった。無論、機について真と仮と偽とに分けるのは、法にも真と仮と偽とがあるからであるが、問題とされているのは、定散自力の心を離れられない機であり、また六十二見・九十五種の邪道に迷う機であって、これらのものを真の仏弟子すなわち阿弥陀仏の本願に摂取《せっしゅ》される機とならせていくために示されたものである。そして真実の教えすなわち本願他力の教えとその真実に導くための方便の教えとがあることを明らかにされたところに、親鸞聖人の教え、浄土真宗の教義の大きな特色があるといえよう。

第二節　真実の教えと方便の教え

第一項　浄土三部経の教え

前節において述べたとおり、真の仏弟子とは阿弥陀仏の本願に摂取される機にほかならないが、その本願を説いた経は『仏説無量寿経』である。他に

阿弥陀仏およびその浄土を主題とする経典には、『仏説観無量寿経』『仏説阿弥陀経』があり、法然聖人は『選択集』二門章に、

初《はじ》めに正《まさ》しく往生《おうじょう》浄土《じょうど》を明《あ》かす教《きょう》といふは、いはく三経《ぎょう》一論《ろん》これなり。「三経《ぎょう》」とは、一には『無量寿経《むりょうじゅきょう》』、二には『観《かん》無量寿経《むりょうじゅきょう》』、三には『阿《あ》弥陀経《みだきょう》』なり。「一論《ろん》」とは、天親《てんじん》の『往生論《おうじょうろん》』（浄土論）これなり。あるいはこの三経《ぎょう》を指《さ》して浄土《じょうど》の三部経《さんぶきょう》と号《ごう》す。

（『註釈版聖典七祖篇』一一八七頁）

と示され、この三経を「浄土三部経」として選定された。この中、特に『仏説無量寿経』について親鸞聖人は「真実の教」と示されるのであるが、それはこの経のうちに阿弥陀仏の本願が説かれているからである。

前章に述べたように、「本願」という語の用いられ方としては、菩薩（因位）のときに立てた誓願という意味で用いられる場合（因本の願）と、具体的にどのように衆生を済度することが誓われているのか、その根本となる内容を

指して用いられる場合（根本の願）とがある（第二章第二節第一項参照）。

衆生をどのように救うのかということについて、その中核となるのはどのように衆生を浄土へ往生させるかということであり、その往生の因が誓われた願を生因願という。広く十方世界の衆生に対して誓われているため、阿弥陀仏の四十八願では、すべての願に共通する冒頭の「設我得仏」の句の後、「十方衆生」とその願いの対象が示され、また願文の中に「欲生我国」と浄土を願生するものについて誓われている願がそれであり、具体的には第十八願・第十九願・第二十願の三願が相当する。従来の浄土教においてはこの三願をそれぞれ別の願とはみないこともあった。

しかしながら法然聖人は、善導大師の『観経疏』「散善義」に、

> 一心《しん》にもつぱら弥陀《みだ》の名号《みょうごう》を念《ねん》じて、行住坐臥《ぎょうじゅうざが》に時節《じせつ》の久近《くごん》を問《と》はず念々《ねんねん》に捨《す》てざるは、これを正定《しょうじょう》の業《ごう》と名《な》づく、かの仏《ぶつ》の願《がん》に順《じゅん》ずるがゆゑなり。
>
> （『註釈版聖典七祖篇』四六三頁）

とある文に基づき、専修念仏が往生の行業であり、それが誓われた第十八願にこそ仏意があるとみられたのであり、さらに親鸞聖人は、この第十八願・第十九願・第二十願にはそれぞれ行と信と利益とが誓われてあると見られ、他力念仏の往生を誓われた第十八願こそが真実願であり、自力諸行往生を説く第十九願、自力念仏往生を説く第二十願を方便願と見られたのである。すなわち、親鸞聖人の見られた三願の関係は次のようになる。

		（行）	（信）	（利益）		
生因三願	第十八願	乃至十念	至心信楽欲生	若不生者	他力念仏往生	真実
	第十九願	修諸功徳	至心発願欲生	現其人前	自力諸行往生	方便
	第二十願	植諸徳本	至心回向欲生	不果遂者	自力念仏往生	

真実の願とは、他力真実の救いが誓われた願いであり、方便の願とは、他力真実の救いをそのままにうけとることができない未熟の機を、真実へと誘引するために仮に誓われた自力方便の願いである。真実の願である第十八願

は他力念仏によって往生させようとする願であり、方便の願である第十九願と第二十願は、それぞれ自力諸行の行者・自力念仏の行者を往生させようとする願である。

善巧方便と権仮方便

随自意の法門

随他意の法門

ここでの「方便」とは善巧方便の意ではなく、権仮方便を意味している。方便とは、仏が衆生を済度するにあたって用いる方法（はたらき）のことであるが、仏の本意にかなって用いられる教化の方法を随自意《ずいじい》の法門（自とは仏自身、すなわち説き手である仏自身のおもいに素直にしたがって説かれた真実の教え）といい、大智の全体がそのまま大悲となってはたらくところの巧みな方法便宜によるので、これを善巧《ぜんぎょう》方便という。一方、未熟の機を真実の法門に入らせるために、機に応じて用いられる教化の方法を随他意《ずいたい》の法門（他とは教えを聞かせるべき衆生、すなわち聞き手のこころにあわせて説かれた方便の教え）といい、その機に応じて仮に用いられるものであるから、これを権《ごん》仮《け》方便という。権仮方便は、暫く用いられても機が熟して真実の法門に入らせたならば還ってこれを廃する（これを暫用還廃《ざんゆうげんぱい》という）の法門である。すなわち真実に対して方便と用いられる場合には、権仮方便のことである。阿弥陀仏の四十八願中に真実の法門を誓われた願（第十八願）と、方便の法門を誓われた願（第十九願・第二十願）とがあると見られたところに親鸞聖人の四十八願観の特色がある。

このように、生因願の中に真実願と方便願とを見られるのであるから、浄土の真実義を明らかにした前五巻と方便義を明らかにした第六巻からなる『教行信証』において、「本願」もしくは「選択本願」の語が第十八願において用いられているのは当然のことといえよう。また、親鸞聖人の四十八願観の特色として、この第十八願を五願（第十一願・第十二願・第十三願・第十七願・第十八願）に開いて示されたことが挙げられるが、すでに第二章第二節において詳説したように、これは衆生の往生の因果がすべて如来の回向によるものであることを示すものである。このように五願を六法に配当して浄土の教えを組織的に示されたものが『教行信証』であり、「行文類」「信文類」「証文類」「真仏土文類」それぞれに、「諸仏称名の願」「至心信楽の願」「必至滅度の願」「光明無量の願」「寿命無量の願」と、五願の願名を標することによって明示されている。

六三法門

さらに「化身土文類」の標挙には、

無量寿仏観経《むりょうじゅぶつかんぎょう》の意《こころ》なり
至心発願《ししんほつがん》の願《がん》　邪定聚《じゃじょうじゅ》の機《き》
　双樹林下往生《そうじゅりんげおうじょう》
阿弥陀経《あみだきょう》の意《こころ》なり
至心回向《ししんえこう》の願《がん》　不定聚《ふじょうじゅ》の機《き》
　難思往生《なんじおうじょう》

（『註釈版聖典』三七四頁）

とあって、第十九願は『仏説観無量寿経』の法門を誓われたものであり、第二十願は『仏説阿弥陀経』の法門を誓われたものであると示されている。「化身土文類」においては、まず浄土門内の方便の法門が示されているが、それを定散二善の要門と自力念仏の真門とに分けて示されているのである。そして次に示すとおり、真実（弘願）と方便（要門・真門）について六種の名目をもって示されるので、これを六三法門と呼ぶ。

（三願）　（三経）　（三門）　（三蔵）　（三機）　（三往生）
第十八願――仏説無量寿経――弘願――福智蔵――正定聚――難思議往生
第十九願――仏説観無量寿経――要門――福徳蔵――邪定聚――双樹林下往生
第二十願――仏説阿弥陀経――真門――功徳蔵――不定聚――難思往生

このなか「三蔵」における「福智蔵」とは、「行文類」に、

福智蔵《ふくちぞう》を円満《えんまん》し、方便蔵《ほうべんぞう》を開顕《かいけん》せしむ。（『註釈版聖典』二〇二頁）

と示されるものであり、「福智」とは六波羅蜜の布施・持戒・忍辱・精進・禅定の前五波羅蜜の福徳荘厳と第六智慧波羅蜜の智徳荘厳のことである。すなわち、阿弥陀仏の名号は、法蔵菩薩の因位の時に兆載永劫にわたって修めた六波羅蜜の功徳を円満に具えているから、その名号を廻施され往生成仏せしめられる弘願の法門を福智蔵という。

また、ここに示される「方便蔵」が福徳蔵と功徳蔵であり、福徳蔵につい

ては、「化身土文類」に、

ここをもつて釈迦牟尼仏《しゃかむにぶつ》、福徳蔵《ふくとくぞう》を顕説《けんぜつ》して群生海《ぐんじょうかい》を誘引《ゆういん》し、阿弥陀《あみだ》如来《にょらい》、本誓願《もとせいがん》を発《おこ》してあまねく諸有海《しょうかい》を化《け》したまふ。すでにして悲願《ひがん》います。修諸功徳《しゅしょくどく》の願《がん》（第十九願）と名《な》づく、また臨終現前《りんじゅうげんぜん》の願《がん》と名《な》づく、また現前導生《げんぜんどうしょう》の願《がん》と名《な》づく、また来迎引接《らいこういんじょう》の願《がん》と名《な》づく、また至心発《ししんほっ》願《がん》の願《がん》と名《な》づくべきなり。

（『註釈版聖典』三七五頁）

と示されている。「福徳」とは、『仏説阿弥陀経』に「少善根福徳の因縁をもつてかの国に生ずることを得べからず」と嫌貶《けんぺん》（嫌い貶《おとし》める）される諸行であり、『仏説観無量寿経』に説かれる要門の定散二善である。この福徳をもって往生しようとするので、この法門を福徳蔵という。

次に功徳蔵については、同じく「化身土文類」に、

しかればすなはち、釈迦牟尼仏《しゃかむにぶつ》は、功徳蔵《くどくぞう》を開演《かいえん》して、十方濁世《じっぽうじょくせ》を勧化《かんけ》

したまふ。阿弥陀如来《あみだにょらい》はもと果遂《かすい》の誓《ちかい》 この果遂《かすい》の願《がん》とは二十願《にじゅうがん》なり を発《おこ》して、諸有《しょう》の群生海《ぐんじょうかい》を悲引《ひいん》したまへり。すでにして悲願《ひがん》います。植《じき》諸徳本《しょとくほん》の願《がん》と名《な》づく、また係念定生《けねんじょうしょう》の願《がん》と名《な》づく、また不果遂者《ふかすいしゃ》の願《がん》と名《な》づく、また至心回向《ししんえこう》の願《がん》と名《な》づくべきなり。

（『註釈版聖典』三九九頁）

と示されている。「功徳」とは阿弥陀仏の名号に具わる功徳を如来回向のものとせずに己が功徳とし、『仏説阿弥陀経』の因果段に説かれるように、真門自力念仏の功徳をもって往生しようとするので、この法門を功徳蔵という。

以上のように、三経のそれぞれが第十八願・第十九願・第二十願の願意を開説したものであり、弘願《ぐがん》・要門・真門の法義を説かれたものと示される一方で、それぞれの経の本意は他力念仏に導き入れることにあると領解されたのが親鸞聖人の顕彰隠密義《けんしょうおんみつぎ》である。

第二項　三経の関連性

顕彰隠密ということは、基本的には『仏説観無量寿経』について「化身土文類」に、

釈家《しゃくけ》（善導）の意《い》によりて『無量寿仏観経《むりょうじゅぶつかんぎょう》』を案《あん》ずれば、顕彰隠密《けんしょうおんみつ》の義《ぎ》あり。（『註釈版聖典』三八一頁）

と示されているように、善導大師の指南によることが分かる。すなわち、『観経疏』において、最初の「玄義分」には、

いまこの『観経《かんぎょう》』はすなはち観仏三昧《かんぶつざんまい》をもつて宗《しゅう》となし、また念仏三昧《ねんぶつざんまい》をもつて宗《しゅう》となす。（『註釈版聖典七祖篇』三〇五頁）

といわれ、『仏説観無量寿経』の中心として、観仏三昧と念仏三昧とがある

と示されているが、最後の「散善義」では、

上来定散両門《じょうらいじょうさんりょうもん》の益《やく》を説《と》くといへども、仏《ぶつ》の本願《ほんがん》に望《のぞ》むるに、意《こころ》、衆《しゅ》生《じょう》をして一向《こう》にもつぱら弥陀仏《みだぶつ》の名《みな》を称《しょう》せしむるにあり。

（『註釈版聖典七祖篇』五〇〇頁）

といわれて、仏の本願よりうかがえば、定善・散善の利益ではなく、流通分の「無量寿仏《むりょうじゅぶつ》の名《みな》を持《たも》て」（『註釈版聖典』一一七頁）の語に一経の肝要があり、称名念仏を説くことこそが仏の本意であると見られている。そして善導大師を承けて法然聖人もまた、定善・散善の自力諸行を廃し、専修念仏を浄土往生の行として示されるのである。

隠顕

親鸞聖人は『観経疏』に用いられている「隠顕」の語と、先に引用した善導大師の教示より、独自の顕彰隠密義を展開されるのである。具体的には、先の文に続き、

顕《けん》といふは、すなはち定散諸善《じょうさんしょぜん》を顕《あらわ》し、三輩《さんぱい》・三心《さんしん》を開《ひら》く。しかるに二《に》善《ぜん》・三福《さんぷく》は報土《ほうど》の真因《しんいん》にあらず。諸機《しょき》の三心《さんしん》は、自利各別《じりかくべつ》にして利他《りた》の一心《いっしん》にあらず。如来《にょらい》の異《い》の方便《ほうべん》、欣慕浄土《ごんぼじょうど》の善根《ぜんごん》なり。これはこの『経《きょう》』（観経）の意《い》なり。すなはちこれ顕《けん》の義《ぎ》なり。彰《しょう》といふは、如来《にょらい》の弘願《ぐがん》を彰《あらわ》し、利他通入《りたつうにゅう》の一心《いっしん》を演暢《えんちょう》す。達多《だった》（提婆達多）・闍世《じゃせ》（阿闍世）の悪《あく》逆《ぎゃく》によりて、釈迦微笑《しゃかみしょう》の素懐《そかい》を彰《あらわ》す。韋提別選《いだいべっせん》の正意《しょうい》によりて、弥陀大《みだだい》悲《ひ》の本願《ほんがん》を開闡《かいせん》す。これすなはちこの『経《きょう》』（観経）の隠彰《おんしょう》の義《ぎ》なり。

（『註釈版聖典』三八一頁）

といわれ、また、

「諸仏如来有異方便《しょぶつにょらいういほうべん》」といへり、すなはちこれ定散諸善《じょうさんしょぜん》は方便《ほうべん》の教《きょう》たることを顕《あらわ》すなり。「以仏力故見彼国土《いぶつりきこけんひこくど》」といへり、これすなはち他力《たりき》の意《い》を顕《あらわ》すなり。

（『註釈版聖典』三八二頁）

准知隠顕

といわれるように、『仏説観無量寿経』では定善・散善の行法が顕著に説かれる（顕説）が、これは方便であり、また仏力によって浄土を見ると説かれるのであるから、これは他力を示すものである。さらに、

「於《お》現《げん》身《しん》中《ちゅう》得《とく》念《ねん》仏《ぶつ》三《ざん》昧《まい》」といへり、すなはちこれ定《じょう》観《かん》成《じょう》就《じゅ》の益《やく》は、念《ねん》仏《ぶつ》三《ざん》昧《まい》を獲《う》るをもつて観《かん》の益《やく》とすることを顕《あらわ》す。（同前）

と、定善の観法が成就する利益が念仏三昧であるといわれる。このように、経の表面に顕著に表れてはいなくてもそこには他力の法が示されている（隠彰）と見られるのである。

「隠顕」という語自体は、道綽禅師や善導大師の著述にもあらわれるのであるが、親鸞聖人は経の表面に自力の行が説かれて（顕説《けんぜつ》）いても、微かに説かれた他力の法（隠彰）にこそ釈尊の本意があることを表す言葉として「隠顕」の語を用いられたのであった。

そして『仏説阿弥陀経』についても同様に、

『観経《かんぎょう》』に准知《じゅんち》するに、この『経《きょう》』（小経）にまた顕彰隠密《けんしょうおんみつ》の義《ぎ》あるべし。顕《けん》といふは、経家《きょうけ》は一切諸行《いっさいしょぎょう》の少善《しょうぜん》を嫌貶《けんぺん》して、善本徳本《ぜんぽんとくほん》の真門《しんもん》を開《かい》示し、自利《じり》の一心《いっしん》を励《はげ》まして難思《なんじ》の往生《おうじょう》を勧《すす》む。ここをもつて『経《きょう》』（同）には「多善根《たぜんごん》・多功徳《たくどく》・多福徳因縁《たふくとくいんねん》」と説《と》き、釈《しゃく》（法事讃・下　五六三）には「九品《くぼん》ともに回《え》して不退《ふたい》を得《え》よ」といへり。あるいは「無過念仏往《むかねんぶつおう》西方三念五念仏来迎《さいほうさんねんごねんぶつらいこう》」（同・意　五七五）といへり。これはこれ、この『経《きょう》』（小経）の顕《けん》の義《ぎ》を示《しめ》すなり。これすなはち真門《しんもん》のなかの方便《ほうべん》なり。彰《しょう》といふは、真実難信《しんじつなんしん》の法《ほう》を彰《あらわ》す。これすなはち不可思議《ふかしぎ》の願海《がんかい》を光闡《こうせん》して、無礙《むげ》の大信心海《だいしんじんかい》に帰《き》せしめんと欲《おぼ》す。まことに勧《すす》め、すでに恒沙《ごうじゃ》の勧《すす》めなれば、信《しん》もまた恒沙《ごうじゃ》の信《しん》なり。ゆゑに甚難《じんなん》といへるなり。釈《しゃく》（法事讃・下　五七五）に、「ただちに弥陀《みだ》の弘誓重《ぐぜいかさ》なれるをもつて、凡夫念《ぼんぶねん》ずればすなはち生《しょう》ぜしむることを致《いた》す」といへり。これはこれ、隠彰《おんしょう》の義《ぎ》を開《ひら》くなり。

（『註釈版聖典』三九七頁）

と述べられるのであるが、冒頭に「『観経』に準知するに」とあることからすれば、『仏説阿弥陀経』についての隠顕の説示には、念仏の中にも「自利の一心を励まして」行う自力の念仏があることを見ていかれた厳しい眼差しがある。親鸞聖人が『仏説阿弥陀経』のどこに隠顕を見られたかについては、この御自釈に示されるとおりである。すなわち、経の中に諸行を「小善根福徳因縁」と説かれることからすれば、念仏は「多善根・多功徳・多福徳因縁」の行であり、行徳の多少の違いでしかない相対的な善となってしまうのである。自力の念仏と自力の諸行とはどちらも自力の行であるので、その徳の違いは多少という量的なもののみとなる。本願のはたらきに他ならない他力の念仏と自力の諸行との相違は、「行文類」二教二機対に「因行果《いんぎょうか》徳対《とくたい》」（『註釈版聖典』一九九頁）と示されるように、衆生の行徳の多少という量的な価値の相違のみではなく、阿弥陀仏の徳そのもの（果徳）であるところの他力の念仏と、まだ仏になっていないものの行い（因行）であるところの自力の諸行という質的な相違が主である。また、経には「その人《ひと》、命終《みょうじゅう》の時《とき》に臨《のぞ》みて、阿弥陀仏《あみだぶつ》、もろもろの聖衆《しょうじゅ》と現《げん》じてその前《まえ》にましまさん」（『註釈版聖典』一二四頁）とあることから、具体的には仏の来迎をまって往生の可否をみる自力の念仏と考えられる。このように『仏説阿弥陀経』の表面には、そこに説かれる念仏が自力の念仏であるように説かれている（顕説）が、衆生の自力によっては信じることが不可能な法（他力念仏）であることを示す「難信の法」という経末の言葉に真実教である『仏説無量寿経』と同じ仏の本意が微《かす》かにあらわれている（隠彰）として他力の法を見ていかれたのであった。

　このように『仏説観無量寿経』『仏説阿弥陀経』の両経の内容に、真実と方便の両義を見ていかれるところに親鸞聖人の三経観の特色があるのであるが、『仏説観無量寿経』を第十九願意が開説されたもの、『仏説阿弥陀経』を第二十願意が開説されたものと見られるのは、経説を示したのは釈尊であっても、それは衆生を摂取せんとする阿弥陀仏の願いにもとづくのであるということを示したものに他ならない。換言すれば、阿弥陀仏の願意を両経にあらわして、自力の執心に迷う衆生を弘願他力に導き入れようという釈尊の深い思し召しがあると親鸞聖人は領解されているのである。顕彰隠密義の「密」の字はそうした仏の密意を示すものと考えられる。

『仏説観無量寿経』『仏説阿弥陀経』の顕彰隠密義を図示すれば、次のようになる。

観経
- 顕説……自力諸行往生（第十九願意）……方便
- 隠彰……他力念仏往生（第十八願意）……真実

仏の密意

小経
- 顕説……自力念仏往生（第二十願意）……方便
- 隠彰……他力念仏往生（第十八願意）……真実

仏の密意

顕露彰灼の経

このように、親鸞聖人は『仏説観無量寿経』『仏説阿弥陀経』については、その経説に隠顕を見ていかれるのであるが、これに対して『仏説無量寿経』は「真実の教」といわれるように隠顕を見られない。よってこれを顕《けん》露《ろ》彰《しょう》灼《しゃく》の経という。

しかしながら、方便の願である第十九願も第二十願も『仏説無量寿経』に説かれる四十八願中の願であることを考えれば、真実だけではなく方便も説いているともいえるが、以下に示す『仏説無量寿経』下巻の「胎化段」において、この経自身が第十九願・第二十願の内容を否定していることがわかる。すなわちその冒頭において、

> その時《とき》に、慈氏菩薩《じしぼさつ》（弥勒）、仏《ぶつ》にまうしてまうさく、「世尊《せそん》、なんの因《いん》なんの縁《えん》ありてか、かの国《くに》の人民《にんみん》、胎生《たいしょう》・化生《けしょう》なる」と。仏《ぶつ》、慈氏《じし》に告《つ》げたまはく、「もし衆生《しゅじょう》ありて、疑惑《ぎわく》の心《しん》をもつてもろもろの功徳《くどく》を修《しゅ》して、かの国《くに》に生《うま》れんと願《ねが》はん。仏智《ぶっち》・不思議智《ふしぎち》・不可称智《ふかしょうち》・大乗《だいじょう》広智《こうち》・無等無倫最上勝智《むとうむりんさいじょうしょうち》を了《さと》らずして、この諸智《しょち》において疑惑《ぎわく》して信《しん》ぜず。しかるになほ罪福《ざいふく》を信《しん》じ、善本《ぜんぽん》を修習《しゅじゅう》して、その国《くに》に生《うま》れんと願《ねが》ふ。このもろもろの衆生《しゅじょう》、かの宮殿《くでん》に生《うま》れて、寿五百歳《いのちごひゃくさい》、つねに仏《ぶつ》を見《み》たてまつらず、経法《きょうぼう》を聞《き》かず、菩薩《ぼさつ》・声聞《しょうもん》の聖衆《しょうじゅ》を見《み》ず。このゆゑに、かの国土《こくど》においてこれを胎生《たいしょう》といふ。もし衆生《しゅじょう》ありて、あきら

かに仏智乃至勝智《ぶっちないししょうち》を信《しん》じ、もろもろの功徳《くどく》をなして信心回向《しんじんえこう》すれば、このもろもろの衆生《しゅじょう》、七宝《しっぽう》の華《はな》のなかにおいて自然《じねん》に化生《けしょう》し、跏趺《かふ》して坐《ざ》し、須臾《しゅゆ》のあひだに身相《しんそう》・光明《こうみょう》・智慧《ちえ》・功徳《くどく》、もろもろの菩薩《ぼさつ》のごとく具足《ぐそく》し成就《じょうじゅ》せん。

（『註釈版聖典』七六頁）

と述べられているのであるが、ここに述べられる「疑惑の心をもってもろもろの功徳を修して、かの国に生れんと願はん」とは、第十九願の「もろもろの功徳を修して、至心発願してわが国に生ぜんと欲せん」に相当し、また、「なほ罪福を信じ、善本を修習して、その国に生れんと願ふ」とは、第二十願の「もろもろの徳本を植ゑて、至心回向してわが国に生ぜんと欲せん」に相当している。『仏説無量寿経』で「徳本」とあるのは、『如来会』等では「善本」とあり、「善本」と「徳本」とは、親鸞聖人が「化身土文類」において、

善本《ぜんぽん》とは如来《にょらい》の嘉名《かみょう》なり。この嘉名《かみょう》は万善円備《まんぜんえんび》せり、一切善法《いっさいぜんぼう》の本《もと》なり。ゆゑに善本《ぜんぽん》といふなり。徳本《とくほん》とは如来《にょらい》の徳号《とくごう》なり。この徳号《とくごう》は一声称《いっしょうしょう》

念《ねん》するに、至徳成満《しとくじょうまん》し衆禍《しゅか》みな転《てん》ず、十方三世《じっぽうさんぜ》の徳号《とくごう》の本《もと》なり。ゆゑに徳本《とくほん》といふなり。

（『註釈版聖典』三九九頁）

と述べられているとおり、ともに名号を意味している。

そして「疑惑の心をもつてもろもろの功徳を修して」「……この諸智において疑惑して信ぜず。しかるになほ罪福を信じ、善本を修習して」と示されているのだから、第十九願・第二十願に誓われた衆生のありようは、仏智を疑惑していることに他ならない。「なほ罪福を信じ」とは、みずからの罪悪において往生できないと思い、みずからの福善において往生できると思うことであって、それは衆生を無条件に往生させようという仏のはたらきを疑惑していることと同じである。

この一段を「胎化段《たいけだん》」とよぶのは、先の引用に見られるとおり、阿弥陀仏の浄土に生まれるものに、胎生のものと化生のものとがあると説かれているからであるが、その区別はひとえに仏智を疑惑しているか否かにある。よって、仏智を疑惑することなく、「あきらかに仏智乃至勝智を信じ、もろもろの功徳をなして信心回向すれば、このもろもろの衆生、七宝の華のなかにおいて自然に化生」すると説かれているのである。この内容が第十八願に誓われた衆生のありようであることはいうまでもない。「胎化段」の末尾には、

弥勒《みろく》まさに知《し》るべし。それ菩薩《ぼさつ》ありて疑惑《ぎわく》を生《しょう》ずるものは、大利《だいり》を失《しっ》すとす。このゆゑに、まさにあきらかに諸仏《しょぶつ》無上《むじょう》の智慧《ちえ》を信《しん》ずべし

（『註釈版聖典』七九頁）

と示されており、「胎化段」の全体が示そうとしている内容は次の通りである。阿弥陀仏の浄土に生まれるものには、その生まれ方に胎生のものと化生のものとがあり、胎生のものとは仏智を疑惑して自力の善根功徳において往生しようと願うものであって、このものは浄土に生まれても五百年の間、仏法僧の三宝を見聞することができない。これに対して化生のものとは明らかに仏智を信じて往生するものであって、このものは浄土に生まれたならば七宝の華の中に生まれ、たちまちに身相・光明・智慧・功徳を菩薩のようにこと

ごとく具えるという大いなる利益をえるのである。

このように『仏説無量寿経』は、経自身において第十九願・第二十願に誓われる衆生のありようを否定しているのであって、この経の全体が第十八願意を説いたものということができる。そこで親鸞聖人はこの経に隠顕を見ておられないのである。

親鸞聖人が他力往生と自力往生との相違を示されたところを整理して図示すると次のようになる。

他力往生―明信仏智―真実報土化生―華　開―往生即成仏―為得大利
自力往生―疑惑仏智―方便化土胎生―華不開―不見三宝――為失大利

さて、この胎化段は、釈尊が弥勒の疑問に答えた形で示されているのであり、阿弥陀仏の四十八願それ自体に真実願・方便願との区別が立てられていたわけではない。しかし、親鸞聖人は釈尊の説意をうかがい、釈尊の説かれた『仏説観無量寿経』『仏説阿弥陀経』には、真実願・方便願の内容を反映して隠顕があると見られたのであって、浄土三部経には真実と方便の別があると受け止められていかれたのであろう。

三経一致門

しかし、隠顕という言葉の示すとおり、方便の経である『仏説観無量寿経』『仏説阿弥陀経』には、その底流に真実へと導き入れようとする釈尊の深い思し召しがあると親鸞聖人は見られているのであり、「化身土文類」には、

三経《さんぎょう》の大綱《たいこう》、顕彰隠密《けんしょうおんみつ》の義《ぎ》ありといへども、信心《しんじん》を彰《あらわ》して能入《のうにゅう》とす。ゆゑに経《きょう》の始《はじ》めに「如是《にょぜ》」と称《しょう》す。「如是《にょぜ》」の義《ぎ》はすなはちよく信《しん》ずる相《そう》なり。いま三経《さんぎょう》を案《あん》ずるに、みなもつて金剛《こんごう》の真心《しんしん》を最要《さいよう》とせり。

（『註釈版聖典』三九八頁）

といわれている。すなわち、『仏説無量寿経』の経説と『仏説観無量寿経』『仏説阿弥陀経』の隠彰義とを合わせて考えれば、三経は一致して第十八願意を説いているのであり、このような見方を三経一致門という。親鸞聖人の著述の

三経差別門

中で、『浄土和讃』（三経讃）などはこの立場で書かれたものである。一方、『仏

説無量寿経』の経説と『仏説観無量寿経』『仏説阿弥陀経』の顕説義とを合わせて考えれば、三経はそれぞれ第十八願・第十九願・第二十願という別々の願意を説いたものであり、このような見方を三経差別門という。親鸞聖人の著述の中で、『教行信証』や『浄土三経往生文類』などはこの立場で書かれたものである。総括して三経を対照すると次のような関係になる。

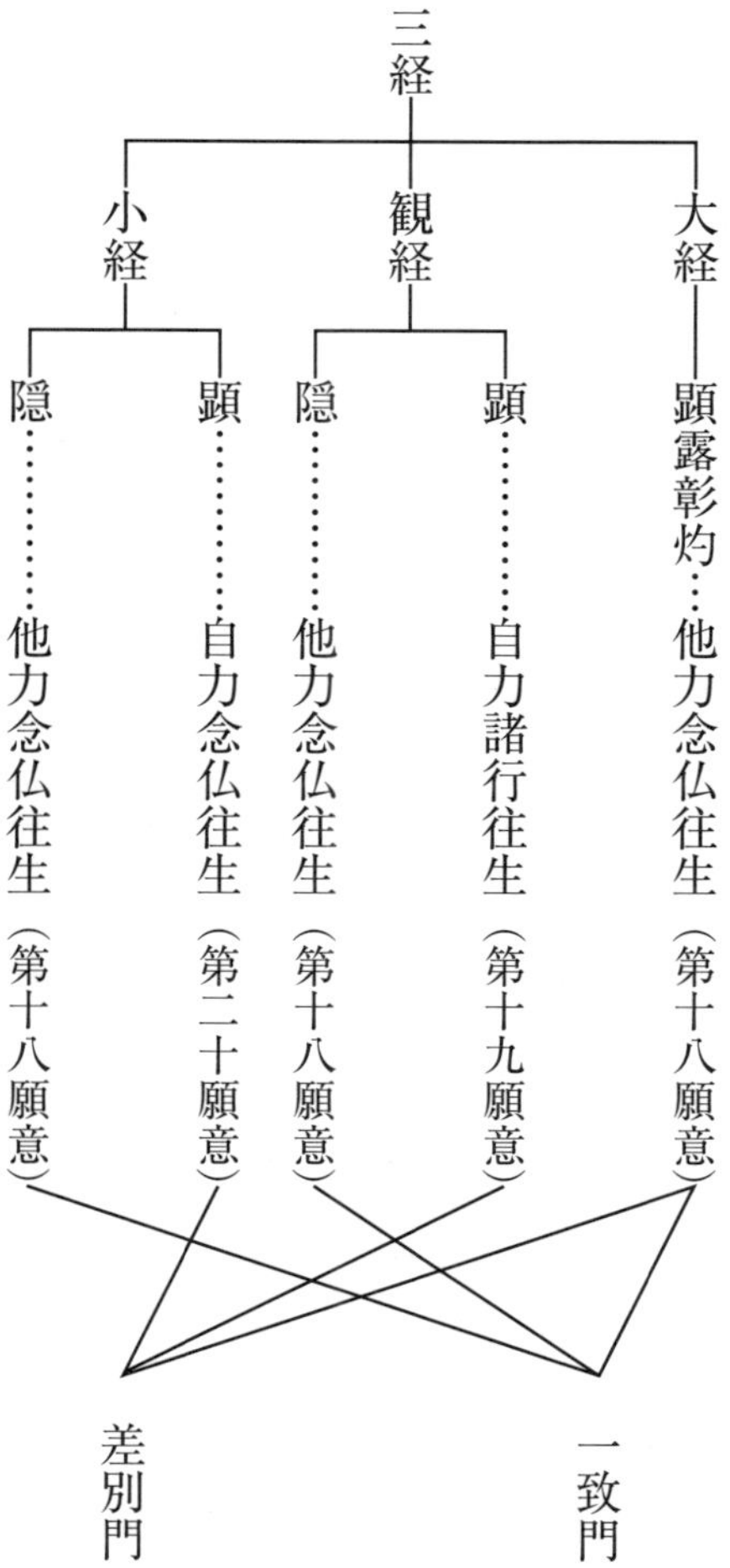

先に述べたとおり、『教行信証』は三経差別門に立って書かれたものであるから、第十八願意をあらわす『仏説無量寿経』については「教文類」の標挙において、

大《だい》無量寿経《むりょうじゅきょう》　真実《しんじつ》の教《きょう》 浄土《じょうど》真宗《しんしゅう》　（『註釈版聖典』一三四頁）

と示されていて、また、「行文類」においても、

『大《だい》無量寿経《むりょうじゅきょう》』の宗致《しゅうち》、他力真宗《たりきしんしゅう》の正意《しょうい》なり。（『註釈版聖典』二〇二頁）

と述べられている。一方、第十九願意をあらわす『仏説観無量寿経』や第二十願意をあらわす『仏説阿弥陀経』については、「化身土文類」の標挙において、

無量寿仏観経《むりょうじゅぶつかんぎょう》の意《こころ》なり
至心発願《ししんほつがん》の願《がん》　邪定聚《じゃじょうじゅ》の機《き》
双樹林下往生《そうじゅりんげおうじょう》
阿弥陀経《あみだきょう》の意《こころ》なり
至心回向《ししんえこう》の願《がん》　不定聚《ふじょうじゅ》の機《き》
難思往生《なんじおうじょう》
（『註釈版聖典』三七四頁）

と示されているのであるが、このことは第十九願や第二十願、あるいは『仏説観無量寿経』や『仏説阿弥陀経』自体を否定したり、あるいは貶《おとし》めたりしているわけではない。標挙に「邪定聚機」「不定聚機」とあるように、もとより問題となっているのは機のありようなのである。すなわち私自身が、諸善万行をたのみ、如来の名号さえ私の称えた功徳と見なしてしまう、そうした邪定聚の機・不定聚の機として如来の前に立っていたのである。「化身土文類」において、観・小二経の方便義を示した後、三願転入の文の直前に、悲《かな》しきかな、垢障《くしょう》の凡愚《ぼんぐ》、無際《むさい》よりこのかた助正間雑《じょしょうけんぞう》し、定散心雑《じょうさんしんぞう》するがゆゑに、出離《しゅつり》その期《ご》なし。みづから流転輪廻《るてんりんね》を度《はか》るに、微塵劫《みじんごう》を超《ちょう》過《か》すれども、仏願力《ぶつがんりき》に帰《き》しがたく、大信海《だいしんかい》に入《い》りがたし。まことに傷嗟《しょうさ》すべし、深《ふか》く悲歎《ひたん》すべし。おほよそ大小聖人《だいしょうしょうにん》・一切善人《いっさいぜんにん》、本願《ほんがん》の嘉号《かごう》をもつておのれが善根《ぜんごん》とするがゆゑに、信《しん》を生《しょう》ずることあたはず、仏智《ぶっち》を了《さと》らず。かの因《いん》を建立《こんりゅう》せることを了知《りょうち》することあたはざるゆゑに、報《ほう》土《ど》に入《い》ることなきなり。

(『註釈版聖典』四一二頁)

と悲歎されるのは、本願のはたらきを前にしてもなお自力の執心を離れることのできないでいる真門自力念仏の行者についてであるが、また聖人自身の過去の姿をそこに重ねて悲歎されていると見ることもできる。方便の教えとは、このように未熟の機を真実の法門に入らせるために、機に応じて用いられる随他意の法門であり、ここでいう「他」とは、私自身に他ならない。つまり、阿弥陀仏が第十九願・第二十願を建立し、釈尊が『仏説観無量寿経』『仏説阿弥陀経』を開説されたのは、自力を離れることができない私のありように対して、弘願他力の法門へ入らしめんとする深い思し召しにおいてなされたものなのである。先に引いた三願転入の文において、親鸞聖人が、

ここに久《ひさ》しく願海《がんかい》に入《い》りて、深《ふか》く仏恩《ぶっとん》を知《し》れり。至徳《しとく》を報謝《ほうしゃ》せんがために、真宗《しんしゅう》の簡要《かんよう》を摭《ひろ》うて、恒常《ごうじょう》に不可思議《ふかしぎ》の徳海《とくかい》を称念《しょうねん》す。いよいよこれを喜愛《きあい》し、ことにこれを頂戴《ちょうだい》するなり。（『註釈版聖典』四一三頁）

と仏恩をよろこぶ思いを述べられているのは、弘願他力へ方便誘引しようとされた阿弥陀仏と釈尊の、自身に向けられたはたらきを見られているからである。

第三項　如来出世本懐の教え（阿弥陀仏と釈尊）

前項において三経の関係を窺う中、阿弥陀仏の願意を承けて釈尊が三経を開説されたことを述べたが、衆生を浄土往生させようとする二尊のはたらき

を述べたものに、善導大師の『観経疏』「散善義」の二河白道の譬《たと》えがある。すでに善導大師自身が譬えの後半に釈義を示してこの譬えの意味するところを明らかにされているので、その大意をうかがい知ることができる。肝要なことの一つは、譬えの中に、

東《ひがし》の岸《きし》にたちまちに人《ひと》の勧《すす》むる声《こえ》を聞《き》く。「なんぢ、ただ決定《けつじょう》してこの道《みち》を尋《たず》ねて行《ゆ》け、かならず死《し》の難《なん》なからん。もし住《とど》まらば、すなはち死《し》せん」と。また西《にし》の岸《きし》の上《うえ》に人《ひと》ありて喚《よ》ばひていはく、「なんぢ一心正《いっしんしょう》念《ねん》にしてただちに来《きた》れ。われよくなんぢを護《まも》らん。すべて水火《すいか》の難《なん》に堕《だ》することを畏《おそ》れざれ」と。

（『註釈版聖典七祖篇』四六七頁）

とあって、これについて善導大師自身が、

「東《ひがし》の岸《きし》に人《ひと》の声《こえ》の勧《すす》め遣《つか》はすを聞《き》きて、道《みち》を尋《たず》ねてただちに西《にし》に進《すす》む」

といふは、すなはち釈迦《しゃか》すでに滅《めっ》したまひて、後《のち》の人《ひと》見《み》たてまつらざれ

ども、なほ教法《きょうぼう》ありて尋《たず》ぬべきに喩《たと》ふ。すなはちこれを声《こえ》のごとしと喩《たと》ふ。……「西《にし》の岸《きし》の上《うえ》に人《ひと》ありて喚《よ》ばふ」といふは、すなはち弥陀《みだ》の願《がん》意《い》に喩《たと》ふ。

（『註釈版聖典七祖篇』四六九頁）

と釈されているところである。すなわち釈尊の経説にしたがい、阿弥陀仏の本願を信受するところに往生浄土の道があるのである。釈義の末尾には、

二尊の発遣・招喚

仰《あお》ぎて釈迦《しゃか》発遣《はっけん》して指《ゆび》さして西方《さいほう》に向《む》かはしめたまふことを蒙《こうむ》り、また弥《み》陀《だ》悲心《ひしん》をもつて招喚《しょうかん》したまふによりて、いま二尊《そん》（釈尊・阿弥陀仏）の意《みこころ》に信順《しんじゅん》して、水火《すいか》の二河《が》を顧《かえり》みず、念々《ねんねん》に遺《わす》るることなく、かの願《がん》力《りき》の道《どう》に乗《じょう》じて、捨命以後《しゃみょういご》かの国《くに》に生《しょう》ずることを得《え》て、仏《ぶつ》とあひ見《まみ》えて慶喜《きょうき》することなんぞ極《きわ》まらんといふに喩《たと》ふ。

（同前）

と示され、釈尊の発遣・弥陀の悲心招喚に信順する衆生の往生浄土の道が、「願力の道に乗じて」すなわち本願のはたらきを体とした道であることを明

示されている。『高僧和讃』の善導讃に、

釈迦《しゃか》・弥陀《みだ》は慈悲《じひ》の父母《ぶも》　種々《しゅじゅ》に善巧方便《ぜんぎょうほうべん》し
われらが無上《むじょう》の信心《しんじん》を　発起《ほっき》せしめたまひけり

（『註釈版聖典』五九一頁）

とあるのは、この『観経疏』「散善義」の二河譬を承けてのものであるが、浄土三部経に示される釈尊の経説は、すべて阿弥陀仏の願意を承けたものであり、それは第十七願の成就にもとづいているのである。すなわち第十七願には、

たとひわれ仏《ぶつ》を得《え》たらんに、十方世界《じっぽうせかい》の無量《むりょう》の諸仏《しょぶつ》、ことごとく咨嗟《ししゃ》して、わが名《な》を称《しょう》せずは、正覚《しょうがく》を取《と》らじ。

（『註釈版聖典』一八頁）

と誓われていて、釈尊が浄土の経説を顕されるのは、この願が成就しているということに他ならない。そして、一切衆生を救いとることこそ如来の正覚

出世本懐

の第一義であるから、親鸞聖人は阿弥陀仏の本願を説く『仏説無量寿経』こそが、釈尊の出世本懐の教えとして、「行文類」の正信偈には、

如来《にょらい》、世《よ》に興出《こうしゅつ》したまふゆゑは、ただ弥陀《みだ》の本願海《ほんがんかい》を説《と》かんとなり。

（『註釈版聖典』二〇三頁）

と説かれているのである。ここで「如来」とあるのは、釈尊のみならず、浄土の教えを説くことは一切諸仏の出世本懐でもあるという意を示されている。このことを『尊号真像銘文』には、

「如来所以興出世《にょらいしょいこうしゅっせ》」といふは、諸仏《しょぶつ》の世《よ》に出《い》でたまふゆゑはと申《もう》すみのりなり。「唯説弥陀本願海《ゆいせつみだほんがんかい》」と申《もう》すは、諸仏《しょぶつ》の世《よ》に出《い》でたまふ本懐《ほんがい》は、ひとへに弥陀《みだ》の願海一乗《がんかいいちじょう》のみのりを説《と》かんとなり。

（『註釈版聖典』六七一頁）

と示されているが、出世本懐とは、この迷いの世に出られた本来の目的ということであり、すなわち真実の救主である阿弥陀仏に対し、釈迦仏はその教えを衆生に説き示す教主の一人としてこの世に出られたのであって、釈尊一代の教説の中でも、阿弥陀仏の本願の教えを説くことが本来の目的であったというのである。

一致門における三経の関係

ところで前項において、『仏説観無量寿経』『仏説阿弥陀経』の顕彰隠密ということについて三経の関係を見たが、その三経一致門の立場においても、三経の明らかにしようとしているところがそれぞれに異なっているという見方がある。覚如上人の『口伝鈔』第十五条には、

『大《だい》無量寿経《むりょうじゅきょう》』は、法《ほう》の真実《しんじつ》なるところを説《と》きあらはして、対機《たいき》はみな権《ごん》機《き》なり。『観《かん》無量寿経《むりょうじゅきょう》』は、機《き》の真実《しんじつ》なるところをあらはせり。これすなはち実機《じっき》なり。いはゆる五障《ごしょう》の女人韋提《にょにんいだい》をもつて対機《たいき》として、とほく末《まっ》世《せ》の女人《にょにん》・悪人《あくにん》にひとしむるなり。『小阿弥陀経《しょうあみだきょう》』は、さきの機法《きほう》の真《しん》実《じつ》をあらはす二経《にきょう》を合説《がっせつ》して、「不可以少善根《ふかいしょうぜんごん》　福徳因縁《ふくとくいんねん》　得生彼国《とくしょうひこく》」

と等《ら》説《と》ける。無上大利《むじょうだいり》の名願《みょうがん》を、一日七日《いちにちしちにち》の執持名号《しゅうじみょうごう》に結《むす》びとどめて、ここを証誠《しょうじょう》する諸仏《しょぶつ》の実語《じつご》を顕説《けんぜつ》せり。（『註釈版聖典』九〇〇頁）

と述べられていて、『仏説無量寿経』は法の真実を、『仏説観無量寿経』は機の真実を、『仏説阿弥陀経』は機法を合説して証誠した経であるというのである。

この三経の関係は、よく薬と病人と医者との関係に譬えられる。つまり、『仏説無量寿経』は薬の効能を説いた経であり、『仏説観無量寿経』は病気の病状を説いた経であり、『仏説阿弥陀経』はこの薬だけがこの病気には効き目があると第三者である医者が証明している経だというのである。薬は如来の本願であり、病気の病状とは機の真実であり、医者の証明は六方段《ろっぽうだん》に示される諸仏の証誠である。

この中、『仏説観無量寿経』のあらわそうとしている機の真実とは、阿弥陀仏の本願が目当てとしている衆生の真実の相ということであり、煩悩具足・罪悪深重の人間のありようがこの経には示されているというのである。もとより如来の大慈悲は平等に衆生を救おうとされるのであるが、罪悪深重の凡

夫の上に、より一層注がれるのである。「信文類」引用の『涅槃経』の文には、

たとへば一人《いちにん》にして七子《しちし》あらん。この七子《しちし》のなかに一子《いっし》病《やまい》に遇《あ》へば、父《ぶ》母《も》の心《こころ》平等《びょうどう》ならざるにあらざれども、しかるに病子《びょうし》においては心《こころ》すなはちひとへに重《おも》きがごとし。大王《だいおう》、如来《にょらい》もまたしかなり。もろもろの衆生《しゅじょう》において平等《びょうどう》ならざるにあらざれども、しかるに罪者《ざいしゃ》においては心《こころ》すなはちひとへに重《おも》し。放逸《ほういつ》のものにおいて仏《ぶつ》すなはち慈念《じねん》したまふ。

（『註釈版聖典』二七九頁）

と説かれ、また善導大師の『観経疏』「玄義分」にも、

諸仏《しょぶつ》の大悲《だいひ》は苦《く》あるひとにおいてす、心《しん》ひとへに常没《じょうもつ》の衆生《しゅじょう》を愍念《みんねん》したまふ。ここをもつて勧《すす》めて浄土《じょうど》に帰《き》せしむ。また水《みず》に溺《おぼ》れたる人《ひと》のごときは、すみやかにすべからくひとへに救《すく》ふべし、岸上《がんじょう》のひと、なんぞ済《すく》ふを用《もち》ゐるをなさん。

（『註釈版聖典七祖篇』三一二頁）

逆謗闡提を恵まんと欲す

と述べられるとおりである。親鸞聖人も『教行信証』の「総序」において、

しかればすなはち、浄邦縁熟《じょうほうえんじゅく》して、調達《じょうだつ》（提婆達多）、闍世《じゃせ》（阿闍世）をして逆害《ぎゃくがい》を興《こう》ぜしむ。浄業機彰《じょうごうきあらわ》れて、釈迦《しゃか》、韋提《いだい》をして安養《あんにょう》を選《えら》ばしめたまへり。これすなはち権化《ごんけ》の仁《にん》斉《ひと》しく苦悩《くのう》の群萌《ぐんもう》を救済《くさい》し、世雄《せおう》の悲《ひ》まさしく逆謗闡提《ぎゃくほうせんだい》を恵《めぐ》まんと欲《おぼ》す。

（『註釈版聖典』一三一頁）

難化の三機

といわれるように、『仏説観無量寿経』に示される逆謗闡提のもの、罪悪深重の凡夫こそが阿弥陀仏の本願の目当てだといわれる。そして、「信文類」において、

難化《なんげ》の三機《さんき》、難治《なんち》の三病《さんびょう》は、大悲《だいひ》の弘誓《ぐぜい》を憑《たの》み、利他《りた》の信海《しんかい》に帰《き》すれば、これを矜哀《こうあい》して治《ち》す、これを憐憫《れんびん》して療《りょう》したまふ。たとへば醍醐《だいご》の妙薬《みょうやく》の、一切《いっさい》の病《やまい》を療《りょう》するがごとし。濁世《じょくせ》の庶類《しょるい》、穢悪《えあく》の群生《ぐんじょう》、金剛不壊《こんごうふえ》の

真心《しんしん》を求念《ぐねん》すべし。本願醍醐《ほんがんだいご》の妙薬《みょうやく》を執持《しゅうじ》すべきなりと、知《し》るべし。

（『註釈版聖典』二九五頁）

といわれるとおり、治しがたい病者を助けるには最上の妙薬が必要なように、罪悪深重のものを救いとるには、最上の法でなければならない。法然聖人は『選択集』讃歎念仏章において、

極悪最下《ごくあくさいげ》の人《ひと》のために極善最上《ごくぜんさいじょう》の法《ほう》を説《と》くところなり。

（『註釈版聖典七祖篇』一二五八頁）

といわれているが、この「極悪最下の人」とは、いま如来の本願の前に立つ私のことに他ならない。親鸞聖人は本願に誓われた「十方衆生」、「総序」に示された「苦悩の群萌」を自身のことと受け止められた。『歎異抄』に、

弥陀《みだ》の五劫思惟《ごこうしゆい》の願《がん》をよくよく案《あん》ずれば、ひとへに親鸞一人《しんらんいちにん》がためなり

けり。　（『註釈版聖典』八五三頁）

と、述懐されているとおりである。

およそ釈尊一代の教説において、一切の衆生を救い取る教え、すなわち極悪最下のものも救われていく教えは本願他力の教えをおいて他にない。阿弥陀仏の本願のはたらきこそが、私を往生成仏させてくださる唯一の法なのである。衆生が仏となることができる唯一の教えを「一乗」といい、また「一仏乗」というが、親鸞聖人は「行文類」一乗海釈において、

誓願一仏乗

「一乗海《いちじょうかい》」といふは、「一乗《いちじょう》」は大乗《だいじょう》なり。大乗《だいじょう》は仏乗《ぶつじょう》なり。一乗《いちじょう》を得《う》るは阿耨多羅三藐三菩提《あのくたらさんみゃくさんぼだい》を得《う》るなり。阿耨菩提《あのくぼだい》はすなはちこれ涅槃界《ねはんがい》なり。涅槃界《ねはんがい》はすなはちこれ究竟法身《くきょうほっしん》なり。究竟法身《くきょうほっしん》を得《う》るはすなはち一乗《いちじょう》を究竟《くきょう》するなり。異《い》の如来《にょらい》ましまさず。異《い》の法身《ほっしん》ましまさず。如来《にょらい》はすなはち法身《ほっしん》なり。一乗《いちじょう》を究竟《くきょう》するはすなはちこれ無辺不断《むへんふだん》なり。大乗《だいじょう》は二乗《にじょう》・三乗《さんじょう》あることなし。二乗《にじょう》・三乗《さんじょう》は一乗《いちじょう》に入《い》らしめん

となり。一乗《いちじょう》はすなわち第一《だいいち》義乗《ぎじょう》なり。ただこれ誓願一仏乗《せいがんいちぶつじょう》なり。

（『註釈版聖典』一九五頁）

と示し、本願他力の教えを「誓願一仏乗」といわれている。「一」とは唯一無二の意であり、「乗」とは衆生を乗せて仏果に運ぶ教法の意であり、これは、煩悩具足・罪悪深重の凡夫を往生成仏させてくださるはたらきは、阿弥陀仏の本願他力の教えの他にはないということを明らかにする言葉である。釈尊一代の説法、方便自力の教えはみな、この私を「誓願一仏乗」たる弘願の法門に帰入させるためであった。その仏意が自らに向けられたものであると信知したならば、いつまでも方便の教えにとどまって生死流転しつづけず、すみやかに弘願他力の法門へ帰入しなければならない。そのことを『浄土和讃』「大経讃」には、

念仏成仏《ねんぶつじょうぶつ》これ真宗《しんしゅう》　万行諸善《まんぎょうしょぜん》これ仮門《けもん》
権実真仮《ごんじつしんけ》をわかずして　自然《じねん》の浄土《じょうど》をえぞしらぬ

（『註釈版聖典』五六九頁）

聖道権仮《しょうどうごんけ》の方便《ほうべん》に　衆生《しゅじょう》ひさしくとどまりて
諸有《しょう》に流転《るてん》の身《み》とぞなる　悲願《ひがん》の一乗帰命《いちじょうきみょう》せよ　（同前）

と示されているのである。

第四章　念仏往生と信心正因

阿弥陀仏の本願が成就し、そのはたらきは名号として衆生に至りとどく。衆生が浄土に往生するためには、その名号を称える以外に他の行は必要なく、称名念仏こそが本願に選択された正定業であると明らかにされたのは法然聖人であった。そして親鸞聖人は、その名号が衆生に至りとどいたところ、すなわち他力の信心こそが往生の正因であると明らかにされるのである。本章では、第一節で本願の念仏について、第二節で行と信との関係について、第三節で真実信心について述べる。

第一節　本願の念仏

第一項　定散諸善と念仏

偏依善導

親鸞聖人の教えの基礎となっているのは、言うまでもなく法然聖人の念仏往生の教えである。そして法然聖人の思想に特に深い影響を与えたのは、ご自身でも「偏依善導一師（偏《ひとえ》に善導《ぜんどう》一師に依《よ》る）」（『註釈版聖典七祖篇』一二八六頁）と述べられているように善導大師である。

善導大師は『仏説観無量寿経』を註釈して『観経疏』を著された。そこでは、古今楷定《ここんかいじょう》といわれる独自の『観経』理解を示され、凡夫が真実報土へ往生していく（凡夫入報《ぼんぶにっぽう》）阿弥陀仏の救済について明らかにされている。『仏説観無量寿経』には、全部で十六の観法が説かれるが、大師はこれを二つの行に分け、定善と散善という行が説かれているとする。すなわち、第一日想観から第十三雑想観には「定善」という行が、後の第十四上輩生想観から第十六下輩生想観には「散善」という行が説かれているとされるのである。

息慮凝心

定善とは、韋提希夫人が「われに思惟《しゆい》を教《おし》へたまへ、われに正受《しょうじゅ》を教《おし》へたまへ（教我思惟《きょうがしゆい》、教我正受《きょうがしょうじゅ》）」（『註釈版聖典』九一頁）と請うたことにより釈尊が説きあらわした高度な行（唯請定善《ゆいしょうじょうぜん》）であり、善導大師はこの行を「慮《おもんぱか》りを息《や》めてもつて心《しん》を凝《こ》らす（息慮凝心《そくりょぎょうしん》）」（『註釈版聖典七祖篇』三〇一頁）と定義している。すなわち深い精神集中（定）をもって浄土の依正二報《えしょうにほう》（依報が国土、正報が仏・菩薩のこと）を観じてゆき、最終的には阿弥陀仏と眼前にまみえてゆく行である。

廃悪修善

　これに対して散善は、韋提希夫人が請うてもいないのに、釈尊がみずから説き開かれた行（自開散善《じかいさんぜん》）であり、善導大師はこの行を「悪《あく》を廃《はい》してもつて善《ぜん》を修《しゅ》す（廃悪修善《はいあくしゅぜん》）」（『註釈版聖典七祖篇』三〇一頁）と定義している。すなわち、散善とは、定善と違って散乱粗動（散）の心のままでそれぞれの行を行じ、臨終の来迎を願って往生を期するのである。

九品

散善は第十四観・第十五観・第十六観を、それぞれ上品・中品・下品に配し、各品をさらに上生・中生・下生の三生ずつに分けることによって、人間の機根を九種類（九品）に分類して示され、上位から下位に向けて、難易度を徐々に下げながらそれぞれに応じた行が説き与えられているのが特徴である。

三福

すなわち上品の三生には行福（大乗の善）、中品の上生と中生には戒福（小乗の善）、中品の下生には世福（世間の善）、そして下品の三生には称名念仏が与えられる。この下品のうち、下品上生と下品下生には「称南無阿弥陀仏」とあり、それによって生死の罪

聞已即滅

が除かれるのに対し、下品中生では、

命終《いのちおわ》らんとする時《とき》、地獄《じごく》の衆火《しゅか》、一時《いちじ》にともに至《いた》る。善知識《ぜんぢしき》の、大慈悲《だいじひ》をもつて、ために阿弥陀仏《あみだぶつ》の十力威徳《じゅうりきいとく》を説き、広《ひろ》くかの仏《ぶつ》の光明神力《こうみょうじんりき》を説《と》き、また戒《かい》・定《じょう》・慧《え》・解脱《げだつ》・解脱知見《げだつちけん》を讃《さん》ずるに遇《あ》はん。この人《ひと》、聞《き》きをはりて八十億劫《はちじゅうおくこう》の生死《しょうじ》の罪《つみ》を除《のぞ》く。（『註釈版聖典』一一四頁）

とあり、聞法のみで称名念仏が説かれず、阿弥陀仏の教えに出遇って生死の罪が除かれている。下品上生・下品下生では第十八願に誓われている称名念仏をもって生死の罪が除かれていることからすれば、聞法のみで第十八願の称名念仏のいとまはなかったものの、阿弥陀仏の教えに出遇ったことによって生死の罪が除かれたと考えられる。これをもって下品中生を聞已即滅《もんにそくめつ》（聞きおわって即ち滅す）の機とよぶ。

さて『仏説観無量寿経』の教説をみれば、上品上生から下品下生へと行の難易度が下がるにしたがって、利益である臨終の来迎が壮麗なものから次第

難勝易劣

に簡素なものとなっている。すなわち、衆生の修める行の難易度が高いほど如来によって手あつく壮麗な来迎がおこなわれるのであり、こうした説きぶりからすれば、難易度の高い行にこそ釈迦・弥陀二尊の本意があるようにみえる。このような見方は仏教では一般的なものであり、難しい行ほど勝れていて易しい行は劣っている（難勝易劣《なんしょういれつ》）との行業観である。いわば行者の努力を基準とした仏道であるといえよう。

　一方で、九品の中で最下位に位置づけられる下品下生には次のように説かれている。

> 下品下生《げぼんげしょう》といふは、あるいは衆生《しゅじょう》ありて、不善業《ふぜんごう》たる五逆《ごぎゃく》・十悪《じゅうあく》を作《つく》り、もろもろの不善《ふぜん》を具《ぐ》せん。かくのごときの愚人《ぐにん》、悪業《あくごう》をもつてのゆゑに悪道《あくどう》に堕《だ》し、多劫《たこう》を経歴《きょうりゃく》して苦《く》を受《う》くること窮《きわ》まりなかるべし。かくのごときの愚人《ぐにん》、命終《いのちおわ》らんとする時《とき》に臨《のぞ》みて、善知識《ぜんぢしき》の、種々《しゅじゅ》に安慰《あんに》して、ために妙法《みょうほう》を説《と》き、教《おし》へて念仏《ねんぶつ》せしむるに遇《あ》はん。この人《ひと》、苦《く》に逼《せ》められて念仏《ねんぶつ》するに遑《いとま》あらず。善友《ぜんぬ》、告《つ》げていはく、〈なんぢもし念《ねん》ずる

あたはずは、まさに無量寿仏《むりょうじゅぶつ》〔の名《みな》〕を称《しょう》すべし〉と。かくのごとく心《こころ》を至《いた》して、声《こえ》をして絶《た》えざらしめて、十念《じゅうねん》を具足《ぐそく》して南無阿弥陀仏《なもあみだぶつ》と称《しょう》せしむ。仏名《ぶつみょう》を称《しょう》するがゆゑに、念々《ねんねん》のなかにおいて八十億劫《はちじゅうおくこう》の生《しょう》死《じ》の罪《つみ》を除《のぞ》く。命終《いのちおわ》る時《とき》、……一念《いちねん》のあひだのごとくに、すなはち極《ごく》楽世界《らくせかい》に往生《おうじょう》することを得《う》。

（『註釈版聖典』一一五頁）

これによれば下品下生の者とは、「五逆・十悪・具諸不善」のまさに悪人であり、多劫の間苦を受けるにふさわしい重罪の者である。しかし、臨終の間際に善知識に会い、南無阿弥陀仏と称えて十念を具足すると、極楽世界に往生すると説かれている。その往生は、上品の者のような壮麗な臨終とは比べようもなく、一見すると低劣な者に相応した果報のように見えるが、善導大師は、この下品下生が臨終に称名念仏によって往生したという教説と、この経典の流通分《るずうぶん》に、阿難の「この法《ほう》の要《よう》をば、まさにいかんが受持《じゅじ》すべき」（『註釈版聖典』一一七頁）との問いに対して、釈尊が、もし念仏《ねんぶつ》するものは、まさに知《し》るべし、この人《ひと》はこれ人中《にんちゅう》の分陀利華《ふんだりけ》なり。観世音菩薩《かんぜおんぼさつ》・大勢至菩薩《だいせいしぼさつ》、その勝友《しょうう》となる。（中略）なんぢよくこの語《ご》を持《たも》て。この語《ご》を持《たも》てといふは、すなはちこれ無量寿仏《むりょうじゅぶつ》の名《みな》を持《たも》てとなり。

（『註釈版聖典』一一七頁）

と答えられる教説に注目された。経典において流通分とは、それまで説かれた内容の中、釈尊が何を流通するべきかを明かされた一段であり、つまりは一経の要点を釈尊自身が指定する結論部である。『仏説観無量寿経』の流通分で明かされた行とは念仏であり、その念仏は「無量寿仏の名を持て」とあるように下品で明かされた称名であった。これによって善導大師は、この『仏説観無量寿経』という経典は、難勝易劣の仏教が明かされているのではなく、

しかるに諸仏《しょぶつ》の大悲《だいひ》は苦《く》あるひとにおいてす、心《しん》ひとへに常没《じょうもつ》の衆生《しゅじょう》を愍念《みんねん》したまふ。ここをもつて勧《すす》めて浄土《じょうど》に帰《き》せしむ。また水《みず》に溺《おぼ》れたる人《ひと》のごときは、すみやかにすべからくひとへに救《すく》ふべし、岸上《がんじょう》のひと、

なんぞ済《すく》ふを用《もち》ゐるをなさん。

（『註釈版聖典七祖篇』三一二頁）

とあるように、仏の大慈悲を基準として再解釈され、「水に溺れたる人のごとき」悪人の救済にこそ、この経の本意があるとみられたのである。すなわち、行の難易に相応した証果の優劣によって仏の本意を見るのではなく、仏の大悲が向かう相手は誰であるのかという点を見ていかなければならないと示されているのである。そうみるならば仏の大悲が焦点を結ぶのは、むしろ極悪最下の下品下生の者であり、そこで説き与えられた称名念仏に釈尊の本意があったとみなければならない。よって、善導大師はこの流通分について、

「仏告《ぶつごう》阿《あ》難汝《なんにょ》好《こう》持《じ》是《ぜ》語《ご》」より以下《いげ》は、まさしく弥陀《みだ》の名号《みょうごう》を付属《ふぞく》して、遐《か》代《だい》に流通《るずう》せしめたまふことを明《あ》かす。上来定散両門《じょうらいじょうさんりょうもん》の益《やく》を説《と》くといへども、仏《ぶつ》の本願《ほんがん》に望《のぞ》むるに、意《こころ》、衆生《しゅじょう》をして一向《こう》にもつぱら弥陀仏《みだぶつ》の名《みな》を称《しょう》せしむるにあり。

（『註釈版聖典七祖篇』五〇〇頁）

と述べられ、称名念仏にこそ仏の本意があると経典全体を総括されるのである。善導大師の『観経』観は、一言でいうなら『仏説無量寿経』の「仏の本願」を軸にして成立しているものである。すなわち下品の生で明かされた称名とは、単なる散善の中の最も難易度の低い行というのではなく、『仏説無量寿経』の第十八願にある「乃至十念」の具体的なかたちであり、そこにこそ釈尊の本意があると見られるのである。これを承けた法然聖人は、『選択集』念仏付属章において、

まさに知《し》るべし、随他《ずいた》の前《まえ》にはしばらく定散《じょうさん》の門《もん》を開《ひら》くといへども、随自《ずいじ》の後《のち》には還《かえ》りて定散《じょうさん》の門《もん》を閉《と》づ。一たび開《ひら》きて以後《のち》永《なが》く閉《と》ぢざるは、ただこれ念仏《ねんぶつ》の一門《もん》なり。弥陀《みだ》の本願《ほんがん》、釈尊《しゃくそん》の付属《ふぞく》、意《こころ》これにあり。行者《ぎょうじゃ》知《し》るべし。

（『註釈版聖典七祖篇』一二七三頁）

と述べ、定散二善の行とは随他意の行であり、称名念仏一行こそが随自意の行とみられ、『選択集』讃歎念仏章に「極悪最下《ごくあくさいげ》の人《ひと》のために極善最上《ごくぜんさいじょう》の法《ほう》

を説《と》く」（『註釈版聖典七祖篇』一二五八頁）と述べて、悪人救済のために仏によって用意された極善最上の法であることを明らかにされた。これは行者の努力を基準とした一般的な行業観ではなく、如来の大悲を基準にした新しい仏教であるといえ、救済教としての浄土教の本質が如来のはたらきにあることを明示するものであった。法然聖人や親鸞聖人はこの阿弥陀仏の救済法を「他力」と呼んだのである。

就行立信

第二項　正助二業

善導大師は『観経疏』「散善義」深心《じんしん》釈の中、就行立信釈《じゅぎょうりっしん》（行に就いて信を立つ）において、釈尊一代の教説のなかで種々に説かれた行のうち、浄土往生の正定業は称名念仏であることを次のように明らかにされている。

次《つぎ》に行《ぎょう》に就《つ》きて信《しん》を立《た》つといふは、しかるに行《ぎょう》に二種《しゅ》あり。一には正行《しょうぎょう》、二には雑行《ぞうぎょう》なり。正行《しょうぎょう》といふは、もつぱら往生経《おうじょうきょう》の行《ぎょう》によりて行《ぎょう》ずるは、これを正行《しょうぎょう》と名《な》づく。何者《なにもの》かこれなるや。一心《しん》にもつぱらこの『観経《かんぎょう》』・『弥陀経《みだきょう》』・『無量寿経《むりょうじゅきょう》』等《とう》を読誦《どくじゅ》し、一心《しん》に専注《せんちゅう》してかの国《くに》の二報荘厳《ほうしょうごん》を思想《しそう》し観察《かんざつ》し憶念《おくねん》し、もし礼《らい》するにはすなはち一心《しん》にもつぱらかの仏《ぶつ》を礼《らい》し、もし口《くち》に称《しょう》するにはすなはち一心《しん》にもつぱらかの仏《ぶつ》を称《しょう》し、もし讃歎供養《さんだんくよう》するにはすなはち一心《しん》にもつぱら讃歎供養《さんだんくよう》す、これを名《な》づけて正《しょう》となす。

（『註釈版聖典七祖篇』四六三頁）

正雑二行

すなわち、どのような行に就いて信を立てるのかを論じるのに、まず一切の行を正行と雑行との二種に分け、正行とは、弥陀浄土への往生を明かした経典（後に法然聖人は「浄土の三部経」と呼ばれた）に説かれる行のことであると示して、読誦・観察・礼拝・称名・讃嘆供養の五つを正行（五正行）として挙げ、それ以外の行はすべて雑行とされる。「正行」とは、本来阿弥陀如来の浄土へ往生するための行として一心に行う正当な実践行の意味である。対する「雑行」についての詳しい釈はないものの、正行についての釈からすれば、数や種類が多く一心に行うことのない雑多な行であり、また本来浄土

順彼仏願故

へ往生するための行として説かれたものではない行を、往生のために回向して転用するので邪雑の行等の意味であるということができる。

そしてさらにこの五正行について、

またこの正《しょう》のなかにつきてまた二種《しゅ》あり。一には一心《しん》にもつぱら弥陀《みだ》の名号《みょうごう》を念《ねん》じて、行住坐臥《ぎょうじゅうざが》に時節《じせつ》の久近《くごん》を問《と》はず念々《ねんねん》に捨《す》てざるは、これを正定《しょうじょう》の業《ごう》と名《な》づく、かの仏《ぶつ》の願《がん》に順《じゅん》ずるがゆゑなり。（同前）

と示して、第四の称名念仏を浄土往生の正定業とされ、前三（読誦・観察・礼拝）後一（讃嘆供養）の行は、「もし礼誦等《らいじゅとう》によるをすなはち名《な》づけて助業《じょごう》となす」（同前）と述べて助業と位置づけられる。正定業とは、その一行によって正《まさ》しく往生が定まる行業（正決定の業因）の意味である。なお正定業の意味については、「正選定の業」（正しく如来が本願に選ばれた行）や、「正定聚者の作業」（正定聚となったものがおこなう行）と解釈されることもある。

さて、称名が正定業である理由として「かの仏の願に順ずるがゆゑなり」（順彼仏願故)」と示されている。つまり称名念仏一行を行者が選び取ることが、阿弥陀仏の本願に順《したが》うことになるというのである。「かの仏の本願」とは、『仏説無量寿経』に説かれた四十八願の中でも、往生行として「乃至十念」を誓われた第十八願を指す。そして、ここに法蔵菩薩（阿弥陀仏）が万人の往生行として、諸行を選び捨て、称名念仏一行を選び取られた仏意があるとして、法然聖人は「選択本願念仏」の思想を打ち立てられたのであった。そのこころを明確に示された釈が『選択集』総結の三選の文である。

三選の文

はかりみれば、それすみやかに生死《しょうじ》を離《はな》れんと欲《おも》はば、二種《しゅ》の勝法《しょうぼう》のなかに、しばらく聖道門《しょうどうもん》を閣《さしお》きて選《えら》びて浄土門《じょうどもん》に入《い》るべし。浄土門《じょうどもん》に入《い》らんと欲《おも》はば、正雑《しょうぞう》二行《ぎょう》のなかに、しばらくもろもろの雑行《ぞうぎょう》を抛《なげす》てて選《えら》びて正行《しょうぎょう》に帰《き》すべし。正行《しょうぎょう》を修《しゅ》せんと欲《おも》はば、正助《しょうじょ》二業《ごう》のなかに、なほ助《じょ》業《ごう》を傍《かたわ》らにして選《えら》びて正定《しょうじょう》をもつぱらにすべし。正定《しょうじょう》の業《ごう》とは、すなはちこれ仏名《ぶつみょう》を称《しょう》するなり。名《みな》を称《しょう》すれば、かならず生《しょう》ずることを得《う》。仏《ぶつ》の本願《ほんがん》によるがゆゑなり。

（『註釈版聖典七祖篇』一二八五頁）

これを図示すると次のようになる。

- 速欲離生死
  - 聖道門（閣）
  - 浄土門（選入）
    - 雑行（抛）
    - 正行（選帰）
      - 助業（傍）
      - 正定業（選専）

すなわち生死（迷い）というあり方を離れようと思うならば、「聖道門」を閣《さしお》いて「浄土門」を選び取り、「雑行」を抛《なげす》てて「正行」を選び取り、「助業」を傍らにして「正定業」を選び取れと三度の選取によって、釈尊一代の教えから本願念仏の一行を選び取ることを求めるのである。しかしこれは行者が単に恣意的な選びを行うということではない。行者の選取の前に、衆生のありのままのすがたを見通して本願の行をたてられた如来の選択があるのであり、行者の選取は如来の選択に随順するすがたに他ならない。そのことを

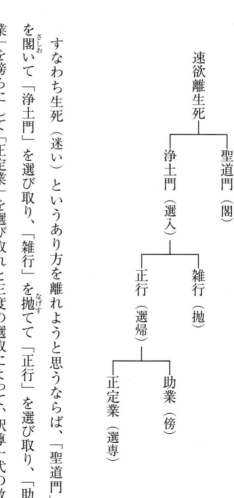

明かしたものが最後の「仏の本願に依るがゆゑなり」との言葉である。その本願すなわち第十八願には「乃至十念」を承けて「若不生者　不取正覚」とあり、衆生の往生と仏の正覚とが一体に誓われているのであって、その法蔵菩薩がすでに成仏している以上、「名を称すればかならず生ずることを得」と述べられるのである。つまり法然聖人の念仏往生義の要は、「選択本願念仏」という言葉に示されているように、如来が本願に念仏一行を選び取られた仏意にしたがい、行者もまた正定業として選び取って専修してゆくところにある。

一方で、先にも述べたように、五正行のうち、前三後一の四行は助業と位置づけられている。助業とは、称名念仏を正定業として生活する者の人生に随伴し、念仏の人生を荘厳してゆく行であるから助業というのである。

同類・異類の助業

この助業について法然聖人は、『選択集』三輩章《さんぱい》（『註釈版聖典七祖篇』一二一六頁以下）で『仏説無量寿経』三輩段に明かされるさまざまな行を取り上げ、同類の助成（助業）と異類の助成（助業）という二つを明かされている。すなわち同類とは、善導大師が称名と共に明かされた正行という意味であり、同類の助業とは前三後一の行業をいう。また異類とは、雑行として廃捨された諸行であっても念仏生活をいとなむ助けとなる場合に、助業として認めてゆくということである。これについては『和語灯録』「禅勝房伝説《ぜんしょうぼうでんせつ》の詞《ことば》」に、

> 現世《げんせ》をすぐべき様《よう》は、念仏《ねんぶつ》の申《もう》されん様《よう》にすぐべし。念仏《ねんぶつ》のさまたげになりぬべくは、なになりともよろづをいとひすてて、これをとどむべし。いはく、ひじりで申《もう》されずは、め（妻《め》）をまうけて申《もう》すべし。妻《め》をまうけて申《もう》されずは、ひじりにて申《もう》すべし。住所《じゅうしょ》にて申《もう》されずは、流行《るぎょう》して申《もう》すべし。流行《るぎょう》して申《もう》されずは、家《いえ》にゐて申《もう》すべし。自力《じりき》の衣食《えじき》にて申《もう》されずは、他人《たにん》にたすけられて申《もう》すべし。他人《たにん》にたすけられて申《もう》されずは、自力《じりき》の衣食《えじき》にて申《もう》すべし。一人《ひとり》して申《もう》されずは、同朋《どうぼう》とともに申《もう》すべし。共行《ぐぎょう》して申《もう》されずは、一人《ひとり》籠居《ちっきょ》して申《もう》すべし。衣食 住《いしょくじゅう》の三は、念仏《ねんぶつ》の助《じょ》業也《ごうなり》。
>
> （『昭和新修法然上人全集』四六二頁）

とあるように、雑行のみならず、生活全般が念仏のためと位置づけられている。

しかし、先の『選択集』三輩章で正行と雑行との関係について廃立《はいりゅう》（諸行は

廃するために説き、念仏は帰依させるために説く）・助正《じょしょう》（諸行は念仏を助成するために説く）・傍正《ぼうしょう》（諸行と念仏とを説くが、念仏が正であり諸行は傍である）の三つの見方を示されるにあたり、善導大師の意によるなら廃立と見るべきであるとされる。それは善導大師が就行立信釈では、正行であっても正定業と助業とで、本願の行と非本願の行との根本的な違いがあることを明らかにされているからである。法然聖人も「禅勝房伝説の詞」では、

本願《ほんがん》の念仏《ねんぶつ》には、ひとりだちをせさせて助《すけ》をささぬ也《なり》。助《すけ》さす程《ほど》の人《ひと》は、極楽《ごくらく》の辺地《へんじ》にむまる（同前）

と端的に述べておられるように、決して助業がなければ称名が正定業として成立しないというわけではない。五正行とはいってもあくまで称名は本願の行として別格であり、称名を正定業に選ばれた仏意を見失って、称名と助業とを同格に並べ修することは、雑行雑修に他ならない。特に、親鸞聖人は助正について明かされる場合、もっぱら「化身土文類」などでこの助正兼行を

誡められるものばかりであり、真実の行信を明かす場合に助正を用いて明かしてはおられない。この点は注意が必要である。

第三項　選択本願と乃至十念

法然聖人が明らかにした念仏往生義は、先にも述べたように、主著の題目ともなっている「選択本願念仏」という言葉に言い尽くされている。この「選択」について『選択集』本願章では、

「選択《せんじゃく》」とはすなはちこれ取捨《しゅしゃ》の義《ぎ》なり。いはく二百《ひゃく》一十億《おく》の諸仏《しょぶつ》の浄《じょう》土《ど》のなかにおいて、人天《にんでん》の悪《あく》を捨《す》て人天《にんでん》の善《ぜん》を取《と》り、国土《こくど》の醜《しゅう》を捨《す》て国《こく》土《ど》の好《こう》を取《と》るなり。（『註釈版聖典七祖篇』一二〇四頁）

と明かされ、「取捨の義」と釈されるが、その取捨する主体は行者ではなく阿弥陀仏である。すなわち「選択本願」とは、『仏説無量寿経』に説かれる

四十八願が、法蔵菩薩によって二百一十億の諸仏の世界から粗悪なものを選び捨て、善妙なるものを選び取って建立されたことをあらわしている。したがって「選択本願念仏」とは、阿弥陀仏が、本願に十方衆生の往生の業因として称名念仏一行を選び取られたという意味である。つまりこの教義は、四十八願のなかでも業因として「乃至十念」が誓われた第十八願こそが一切衆生を往生せしめる誓願であり、その「十念」とは「十回の称名念仏」であるとされる。そしてその称名念仏とは、法蔵菩薩が難行を選び捨て、万人の往生のために唯一選び取られた最勝易行の正定業であると位置づけ、行者がこの一行を選び取ることが、称名を本願に選択された仏意に随順することになると示されるのである。

したがって選択本願とは広くは四十八願を指すが、突き詰めれば「選択本願念仏」とあるように第十八願に限って用いられる。このように四十八願全体を第十八願に集約してゆく見方こそ、善導大師・法然聖人の本願観であり、また親鸞聖人の本願観でもある。

特に『教行信証』において「選択本願」という言葉を用いる場合は、「信文類」で「この大願《だいがん》を選択本願《せんじゃくほんがん》と名《な》づく」（『註釈版聖典』二一一頁）といわれたように第十八願に限って用いており、他の著作でもほぼ第十八願に限って用いられているのである。ちなみに和語聖教では、親鸞聖人の『如来二種回向文』には、第十七・十八・十一願の三つを指して「これらの本誓悲願《ほんぜいひがん》を選択本願《せんじゃくほんがん》と申すなり」（『註釈版聖典』七二二頁）、あるいは、

この悲願《ひがん》は、すなはち真実信楽《しんじつしんぎょう》をえたる人《ひと》は決定《けつじょう》して等正覚《とうしょうがく》にならしめんと誓《ちか》ひたまへりとなり。等正覚《とうしょうがく》はすなはち正定聚《しょうじょうじゅ》の位《くらい》なり。等《とう》正覚《しょうがく》と申《もう》すは、補処《ふしょ》の弥勒菩薩《みろくぼさつ》とおなじからしめんと誓《ちか》ひたまへるなり。これらの選択本願《せんじゃくほんがん》は、法蔵菩薩《ほうぞうぼさつ》の不思議《ふしぎ》の弘誓《ぐぜい》なり。（同前）

等とする例もある。しかしこれは「真実信楽をえたる人は」とあるように、第十八願の念仏行者について、その往相が如来の回向によるものであることを述べておられるところであり、親鸞聖人の教えが五願開示の法門であることを考えるなら、ここでは、阿弥陀仏の仏身・仏土が光寿無量の徳を具える

さまざまな論難

ことを誓われた第十二・第十三願を除いた三願を、第十八願をつぶさに開いて選択本願として示されたものと考えるべきであろう。

　さて、この第十八願の「十念」について、それを称名念仏に限定し、さらに最勝の行と位置づけることは、当時にあって異例の理解であった。親鸞聖人と同年であり、法然聖人に苛烈な批判を加えたことで知られる明恵《みょうえ》房高弁《ぼうこうべん》は、その著『摧邪輪荘厳記《ざいじゃりんしょうごんき》』において、法然聖人が『仏説無量寿経』第十八願の「十念」を「十声の称名」とされたことに対して、

> この義《ぎ》ははなはだ不可《ふか》なり。「念《ねん》」とはこれ心所《しんじょ》、「声《しょう》」とはこれ色《しき》なり。心《しん》と色《しき》とすでに異《こと》なれり。なんぞ一体《いったい》となすや。
> （『浄土宗全書』第八巻、七九二頁）

と述べ、「念」とは心にもとづく心所法であり、「声」とは色法であって、どうして一体とできようかと批判を加えている。

　また称名という行を最勝の行と位置づけることについても、たとえば解脱《げだつ》房貞慶《ぼうじょうけい》が起草して、「八宗同心の訴状」と位置づけ法然および門下を批判した

『興福寺奏状《こうぶくじそうじょう》』では、法然聖人の念仏理解を次のように非難している。

> 第《だい》七に念仏《ねんぶつ》を誤《あやま》る失《しつ》。先《ま》づ所念《しょねん》の仏《ぶつ》において名《みょう》あり体《たい》あり。その体《たい》の中《なか》に事《じ》あり理《り》あり。次《つぎ》に能念《のうねん》の相《そう》について、或《ある》いは口称《くしょう》あり、或《ある》いは心念《しんねん》あり。かの心念《しんねん》の中《なか》に、或《ある》いは懸念《けねん》あり、或《ある》いは観念《かんねん》あり。かの観念《かんねん》の中《なか》に、散位《さんい》より定位《じょうい》に至《いた》り、有漏《うろ》より無漏《むろ》に及《およ》ぶ。浅深重重《せんじんじゅうじゅう》、前《さき》は劣《れつ》、後《のち》は勝《しょう》なり。しからば、口《くち》に名号《みょうごう》を唱《とな》ふるは、観《かん》にあらず、定《じょう》にあらず、是《こ》れ念仏《ねんぶつ》の中《なか》の麁《そ》なり浅《せん》なり。……かの一願《がん》に付《つ》きて、「乃至十念《ないしじゅうねん》」とは、その最下《さいげ》を挙《あ》ぐるなり。観念《かんねん》を以《もっ》て本《ほん》として、下口称《しもくしょう》に及《およ》び、多念《たねん》を以《もっ》て先《さき》として、十念《ねん》を捨《す》てず。是《こ》れ大悲《だいひ》の至《いた》つて深《ふか》く、仏力《ぶつりき》の尤《もっと》も大《だい》なるなり。その導《みちび》き易《やす》く生《しょう》じ易《やす》きは、観念《かんねん》なり、多念《たねん》なり。
>
> （『岩波日本思想大系（鎌倉旧仏教）』第一五巻、三八頁）

これによると念仏といっても、まず念ずる対象に名号と仏体とがあり、仏体にも認識の対象となる報身や応身という事仏と、認識を離れた法身という理仏とがある。また念じる有様にも、口称と心念とがあり、心念に懸念と観念とがあり、観念にも散心から定心まであり、定心といってもいまだ煩悩のまじった有漏定から、煩悩が一切消滅した無漏定まであって、それぞれ浅深次第があるという。要するに念仏といっても難度の高い無漏定の念仏に近づくほど勝れており、逆に口称はもっとも易しい行である故に劣行とする。第十八願の「乃至十念」が十回の称名であるとしても、それは大悲の仏力の大きさを顕すためにその最下を挙げたのに過ぎず、導きやすく生じやすいのは観念であり多念であると述べている。

この内容こそ、仏教で通常用いられる難勝易劣の行業観を基礎にしたものである。すなわち難行を修めてこそ大きく勝れた徳が身に具わるのであり、逆に誰もがなしうる易行であれば、得られる証果も劣ったものとされる。これを念仏で言うなら、観勝称劣（観念念仏は勝れ称名念仏は劣っている）となり、このような見方からすれば、法然聖人の主張する専修念仏義は到底認められるものではなかったのである。

しかし法然聖人は、『選択集』本願章において、称名念仏は勝徳・易徳の二徳がそなわった行であると述べ、逆に非本願である他の行は難・劣の行であると位置づけられる。

まず勝徳について、称名念仏以外の行は、譬えるならば棟・梁・柱といった家屋の構成要素のようなものに過ぎず、それぞれが一隅を守るのみであって一切の徳を具えているわけではないとされる。一方で称名念仏は、「家」という言葉に棟・梁・柱といったすべての構成要素が含まれるように、称えられる名号がまさに「家」そのものであるような阿弥陀仏の万徳を具えた勝行であり、念仏以外の行は劣行であるといわれるのである。

また易徳について明かすにあたって、法然聖人は難行とはさまざまな条件が設定されることで、かならず「往生の望みを絶たん」者、いわば脱落者が生みだされていくことを繰り返し述べておられる。つまり難行とは多くのものにとって修めることのできない凡夫不相応の行であることを明かされるのである。一方で称名とは、

念仏《ねんぶつ》は易《やす》きがゆゑに一切《さい》に通《つう》ず。諸行《しょぎょう》は難《かた》きがゆゑに諸機《しょき》に通《つう》ぜず。し

かればすなはち一切衆生《さいしゅじょう》をして平等《びょうどう》に往生《おうじょう》せしめんがために、難《なん》を捨《す》て易《い》を取《と》りて、本願《ほんがん》となしたまへるか。（『註釈版聖典七祖篇』一二〇九頁）

とあるように、すべての者（諸機）に通じない諸行に対して、一切の機に通じる易行であり、だからこそ一切衆生を平等に往生させる本願に選び取られたのだろうと、仏意を慮《おもんぱか》って述べておられる。

このように称名を本願の行とされた仏意を推し量るならば、諸行は難劣なる行として如来が選び捨てられた行に他ならず、称名こそ勝易の二徳をそなえた行として如来が選び取られた行であると受け止めることができる。すなわち愚悪の者を救い、万人の往生を実現していく正定業が、第十八願に誓われた「乃至十念」の称名念仏なのである。

さて、法然聖人がこのように第十八願の「十念」を十回の称名念仏であると理解されていく上で大きな指南となったのも、善導大師の次のような本願観である。

本願加減（取意）の文

●「玄義分」

また『無量寿経《むりょうじゅきょう》』（上・意）にのたまはく、「法蔵比丘《ほうぞうびく》、世饒王仏《せにょうおうぶつ》の所《みもと》にましまして菩薩《ぼさつ》の道《どう》を行《ぎょう》じたまひし時《とき》、四十八願《がん》を発《おこ》したまへり。一々の願《がん》にのたまはく、〈もしわれ仏《ぶつ》を得《え》たらんに、十方《ぼう》の衆生《しゅじょう》、わが名号《みょうごう》を称《しょう》してわが国《くに》に生《しょう》ぜんと願《がん》ぜんに、下《しも》十念《ねん》に至《いた》るまで、もし生《しょう》ぜずは、正覚《しょうがく》を取《と》らじ〉」と。いますでに成仏《じょうぶつ》したまへり。すなはちこれ酬因《しゅういん》の身《しん》なり。

（『註釈版聖典七祖篇』三二六頁）

●『観念法門』

また摂生増上縁《せっしょうぞうじょうえん》といふは、すなはち『無量寿経《むりょうじゅきょう》』（上・意）の四十八願《がん》のなかに説《と》きたまふがごとし。「仏《ぶつ》のたまはく、〈もしわれ成仏《じょうぶつ》せんに、十方《ぼう》の衆生《しゅじょう》、わが国《くに》に生《しょう》ぜんと願《がん》じて、わが名字《みょうじ》を称《しょう》すること、下《しも》十声《しょう》に至《いた》るまで、わが願力《がんりき》に乗《じょう》じて、もし生《しょう》ぜずは、正覚《しょうがく》を取《と》らじ〉」（第十八願）と。これすなはちこれ往生《おうじょう》を願《がん》ずる行人《ぎょうにん》、命終《いのちおわ》らんと欲《ほっ》する時《とき》、願力摂《がんりきせっ》して往生《おうじょう》を得《え》しむ。ゆゑに摂生増上縁《せっしょうぞうじょうえん》と名《な》づく。

（『註釈版聖典七祖篇』六三〇頁）

●『往生礼讃』

また『無量寿経《むりょうじゅきょう》』（上・意）にのたまふがごとし。「もしわれ成仏《じょうぶつ》せんに、十方《ぽう》の衆生《しゅじょう》、わが名号《みょうごう》を称《しょう》すること下《しも》十声《しょう》に至《いた》るまで、もし生《しょう》ぜずは、正覚《しょうがく》を取《と》らじ」（第十八願）と。かの仏《ぶつ》いま現《げん》に世《よ》にましまして成仏《じょうぶつ》したまへり。まさに知《し》るべし、本誓重願《ほんぜいじゅうがん》虚《むな》しからず、衆生《しゅじょう》称念《しょうねん》すればかならず往生《おうじょう》を得《う》。

（『註釈版聖典七祖篇』七一一頁）

●『同』

いま弥陀《みだ》の本弘誓願《ほんぐぜいがん》は、名号《みょうごう》を称《しょう》すること下《しも》十声《しょう》・一声等《しょうとう》に至《いた》るに及《およ》ぶまで、さだめて往生《おうじょう》を得《う》と信知《しんち》して、……

（『註釈版聖典七祖篇』六五四頁）

これらは、『仏説無量寿経』の四十八願全体を第十八願をあらわすものとして理解するという大師の特徴的な本願観を示している。これらに共通しているのは、第十八願の「至心信楽欲生」という信心に相当する部分が省略され、「乃至十念」に相当する部分が「わが名号を称してわが国に生ぜんと願ぜんに、下十念に至るまで」「わが名字を称すること、下十声に至るまで」等と、いずれも明確に「十声の称名念仏」の意味で釈されていることを挙げることができる。これらの文は古来「本願取意の文」とも、「本願加減の文」とも言われているが、善導大師がこのように示されるのは、称名念仏こそが正定業であることを明らかにしようとされているのであり、またこのような解釈を行う根底には、すでに述べたような特徴的な『観経』理解がある。法然聖人は、これを承けて『選択集』本願章において、

念声是一

問《と》ひていはく、『経《きょう》』（大経・上）には「十念《ねん》」といふ、〔善導《ぜんどう》の〕釈《しゃく》には「十声《しょう》」といふ。念《ねん》・声《しょう》の義《ぎ》いかん。答《こた》へていはく、念《ねん》・声《しょう》は是《これ》一なり。なにをもつてか知《し》ることを得《う》る。『観経《かんぎょう》』の下品下生《げぼんげしょう》にのたまはく、「声《こえ》をして絶《た》えざらしめて、十念《ねん》を具足《ぐそく》して、〈南無阿弥陀仏《なもあみだぶつ》〉と称《しょう》せば、仏《ぶつ》の名《みな》を称《しょう》するがゆゑに、念々《ねんねん》のうちにおいて八十億劫《おくこう》の生死《しょうじ》の罪《つみ》を除《のぞ》く」と。いまこの文《もん》によるに、声《しょう》はこれ念《ねん》なり、念《ねん》はすなはちこれ声《しょう》なり。その意《こころ》明《あき》らけし。

（『註釈版聖典七祖篇』一二一二頁）

とあるように、本願の十念が観念でも憶念でもなくて、称名念仏であるということを「念・声は是一なり」と定めたのである。それは明恵が非難しているような、単に「念」と「声」とを混同している理解などではなく、善導大師の徹底した人間観と、特徴的な『観経』観を通してのみ得られるところの、如来の本願にもとづく専修念仏義なのである。

第四項　第十七願建立の行

法然聖人の念仏往生の教えは、四十八願全体を第十八願に集約し、この一願において衆生の往生を明らかにされたものであった。法然聖人が第十八願について示された「念仏往生之願」「選択本願」という願名は、「乃至十念」をもって称名念仏が如来選択の行であることの根拠とされ、その称名念仏こそが浄土往生の正定業であることを明示するものである。

すなわち、法然聖人において第十八願は念仏の行を明らかにしたものとして示されているのであるが、親鸞聖人は第十八願を「信文類」に標願され、

取願立法

法然聖人の「念仏往生之願」「選択本願」という願名をあらわされつつも、自身では「本願三心之願」「至心信楽之願」（標願名）「往相信心之願」等とすべて信心をあらわす願名を示されている。そして、真実の行をあらわす「行文類」には第十七願を冒頭に標され、「諸仏称揚の願」「諸仏称名の願」（標願名）「諸仏咨嗟の願」「往相回向の願」「選択称名の願」と名づけ、『浄土文類聚鈔』では「往相正業の願」等とも名づけられている。

このことは、第二章第二節第二項においてすでに述べたように、法然聖人が四十八願全体を第十八願に集約して法義を明らかにされていったのに対し、親鸞聖人はその第十八願の教えを、さらに五願（第十七・十八・十一・十二・十三願）に開き、それらの願にもとづいて六法（教・行・信・証・真仏・真土）の法義を見られたことによる。この見方は、行者が往生成仏していくすべてが如来の誓願にもとづく他力回向の法義であることを具体的に明示するものであるが、中でも衆生往生の因として如来より与えられる行信について重要になるのが第十七願・第十八願の見方である。親鸞聖人は「行文類」「信文類」では、『摩訶止観《まかしかん》』から名を取ってそれぞれ「大行」・「大信」の名称をもってあらわされているから、それぞれに対する研究を「大行論」・「大信論」といい、両者の関係についての研究を「行信論」と呼ぶ。大行論は主として、なぜ第十七願が行を誓った願になるのか、あるいはこの願を根拠にしてたてられた大行とは何かということについて論じるものである。

ところで行の願とされた第十七願とその成就文はそれぞれ『仏説無量寿経』に、

● 第十七願

設我得仏　十方世界無量諸仏　不悉咨嗟　称我名者　不取正覚（たとひわれ仏《ぶつ》を得《え》たらんに、十方世界《じっぽうせかい》の無量《むりょう》の諸仏《しょぶつ》、ことごとく咨嗟《ししゃ》して、わが名《な》を称《しょう》せずは、正覚《しょうがく》を取《と》らじ）

（『註釈版聖典』一八頁）

● 第十七願成就文

十方恒沙諸仏如来　皆共讃歎無量寿仏威神功徳不可思議（十方恒沙《じっぽうごうじゃ》の諸《しょ》仏如来《ぶつにょらい》は、みなともに無量寿仏《むりょうじゅぶつ》の威神功徳《いじんくどく》の不可思議《ふかしぎ》なるを讃歎《さんだん》したまふ）

（『註釈版聖典』四一頁）

と示されている。願文は法蔵菩薩が誓われたものであり、成就文は釈尊がその成就を説き述べたものであるから、願文と成就文とでは表現が異なっている。対応関係は次の通りである。

願　文	十方世界無量	諸仏	悉	咨嗟称	我名
成就文	十方恒沙	諸仏如来	皆共	讃歎	無量寿仏威神功徳不可思議

そもそも第十七願には、十方世界の無量の諸仏に、それぞれの国土において「我名（名号）」をほめたたえさせる（咨嗟称）ことが誓われている。成就文との表現の相違として注目すべきは、願文の「咨嗟」「称」が、成就文では「讃歎」となっている点、そして願文の「我名」が、成就文では「無量寿仏威神功徳不可思議」となっている点である。「咨嗟」も「称」も本来、共に「ほめたたえる」という意味を持つことから、成就文では「讃歎」と表現されている。この「咨嗟」と「称」とについては、親鸞聖人の用例から、同じく讃歎をあらわすとする見方と、「咨嗟」と「称我名」とに分けて考える見方とがあり、その見方では「咨嗟」を「広讃」（広く経典を説き仏徳を讃歎

広讃と略讃

名号大行説
（所行説）

すること）といい、「称我名」を「略讃」（名号を称すること）と区別される。そして願文の「我名」とは、法蔵菩薩が自らの名（南無阿弥陀仏）について述べたものであるが、それを釈尊が「無量寿仏の威神功徳不可思議」と示すのは、すでにはたらきそのものとして成就した（仏の）名号であることを明らかにしているのである。

さて、この大行が何かということについては、現在、成就文において「無量寿仏の威神功徳不可思議」とほめ讃えられた「我名」そのものであると見られている。すなわち称名となっている南無阿弥陀仏を大行であると見るのである。そのことは「行文類」の出体釈の後に、

この行《ぎょう》はすなはちこれもろもろの善法《ぜんぼう》を摂《せっ》し、もろもろの徳本《とくほん》を具《ぐ》せり。極速円満《ごくそくえんまん》す、真如一実《しんにょいちじつ》の功徳宝海《くどくほうかい》なり。ゆゑに大行《だいぎょう》と名《な》づく。

（『註釈版聖典』一四一頁）

と大行の徳を示して、このような徳があるから大行と名づけるのであると述

べられる一段があるが、これは、衆生の称えるという行為について述べられたものとは考えられず、称名となっている名号について述べられたものと見られるからである。つまり第十七願とは、法蔵菩薩が諸仏を通じて、各国土に不可思議なる威神功徳そのものである我名（南無阿弥陀仏）による救済、すなわち本願念仏の教えを讃歎して説き明かすように願ったものと見るのである。そこで、第十七願について、諸仏が「咨嗟称」するというほめ讃える側からいえば「教」（能詮の言教）の願であり、「我名」というほめ讃えられる側からいえば「行」（所詮の行法）の願であるといわれるのである。このことをもう少し具体的にいえば、この願の成就によって、娑婆世界では釈尊（諸仏）が「本願為宗、名号為体（本願を要とし、名号を本質とする）」（教文類）の『仏説無量寿経』を説きあらわした（教）のであり、それによってあらわされた行法が本願名号ということになる。そして本願名号の法とは、「われよくなんぢを護らん」という喚び声として行者に届き、阿弥陀仏の救いを信じさせ念仏させ、命終には往生させていく本願力そのものとしてはたらく。このはたらきについて行者が領受したところを信といい、口業となってあらわれたところを称名というのである。つまり、真実信心をえた念仏の行者というのは、この名号のはたらきの上に成立しているのである。諸仏は各国土において、念仏の行者を成立せしめる名号のはたらきを、万人の往生行として説き与え、「この行（はたらき）を領受せよ」と讃歎されているとみるのである。

この見方は南無阿弥陀仏の名号という言葉を行とすることには違和感があるが、本来仏教における行とは、後に述べるように行者をさとりへ向かって歩ませる力・はたらきを持つものをいうということからすればうなずける。つまり、浄土真宗の教えにおいては、衆生を浄土に生まれさせ成仏させる力・はたらきは「もし生ぜずは正覚を取らじ」と誓われた本願がそのまま力となった本願力である。そして、『浄土文類聚鈔』には「本願力回向」といわれ、『正像末和讃』では「南無阿弥陀仏の回向」といわれ、『一念多念文意』では、

「回向《えこう》」は本願《ほんがん》の名号《みょうごう》をもつて十方《じっぽう》の衆生《しゅじょう》にあたへたまふ御《み》のりなり。

（『註釈版聖典』六七八頁）

称名大行説（能行説）

といわれる。また、第十八願成就文の「聞其名号」が、六字釈（後に詳しく述べる）では、「聞願力」といわれている。これらのことから、名号とは本願力であり、衆生を浄土に生まれさせ成仏させる力・はたらきそのものである名号を行とするのである。このような「我名」ならびに「無量寿仏威神功徳不可思議」という阿弥陀仏の威神功徳そのものを大行とする見方を名号大行説（所行説）という。

一方で「咨嗟称我名」ならびに「讃歎無量寿仏威神功徳不可思議」という衆生（あるいは諸仏）の称名（讃嘆）の上における阿弥陀仏の威神功徳を大行とする見方もあり、これを称名大行説（能行説）という。この見方は、「行文類」の「諸仏称名」という願名と、冒頭の「大行とはすなはち無碍光如来の名を称するなり」と明かされる釈（出体釈）等を大きな根拠とする。また第十七願文は通常では「我が名を咨嗟して称せずは」と読むべきであろうところを、親鸞聖人が「咨嗟して我が名を称せずは」と「咨嗟」と「称」とを分けて訓読され、『唯信鈔文意』では、おほよそ十方世界《じっぽうせかい》にあまねくひろまることは、法蔵菩薩《ほうぞうぼさつ》の四十八大願《しじゅうはちだいがん》のなかに、第十七《だいじゅうしち》の願《がん》に、「十方無量《じっぽうむりょう》の諸仏《しょぶつ》にわがなをほめられん、となへられん」と誓《ちか》ひたまへる、一乗大智海《いちじょうだいちかい》の誓願成就《せいがんじょうじゅ》したまへるによりてなり。

（『註釈版聖典』七〇三頁）

と解釈されていることなどから、先述のごとく第十七願の諸仏の讃歎について、それを広讃と略讃とに分けて考え、大行とは衆生（あるいは諸仏）の行う略讃とみるのである。また、このような見方の中には、第十七願とは「我が名を称せよと咨嗟する」との意味に理解し、衆生に称名せよと諸仏が讃歎されているとみるものもある。さらには『三経往生文類』に、

この如来《にょらい》の往相回向《おうそうえこう》につきて、真実《しんじつ》の行業《ぎょうごう》あり。すなはち諸仏称名《しょぶつしょうみょう》の悲願《ひがん》（第十七願）にあらはれたり。称名《しょうみょう》の悲願《ひがん》は……

（『註釈版聖典』六二五頁）

と述べて第十七願を引き、第十八願と合わせて「称名・信楽の悲願成就の文」と述べ、また「この真実の称名と真実の信楽をえたる人は、すなはち正定聚の位に住せしめんと誓ひたまへるなり」等と述べられた文脈なども能行説の根拠となっている。

そもそも「行」という仏教用語は多くの意味を持つ言葉である。「教行証」という場合の「行」とは「チャリヤー（caryā）」の意味であり、生死を超えて安らかな涅槃に至る徳をもつ「おこない」の意味である。親鸞聖人が『唯信鈔文意』で「行《ぎょう》ぜしめたまふなり」（『註釈版聖典』七〇〇頁）の「行」に「オコナフトマウスナリ」と左仮名を付されているのもその意味である。また行の定義として古来重んじられてきたのは、「造作・進趣」の義である。これは『法界次第初門』には「造作之心能趣於果名為行（造作《ぞうさ》の心《しん》能《よ》く果《か》に趣《おもむ》く、名《な》づけて行《ぎょう》と為《な》す）」（『大正蔵』四六、六六五下）とあり、『法華玄義』には、「行名進趣（行《ぎょう》は進趣《しんしゅ》に名《な》づく）」（『大正蔵』三三、七一五中）等とあるのに由来する。たとえば「行」という文字の訓に「おこなう」と「ゆく」との二つがあるが、いわば「造作」とは「おこない」の意味であり、「進趣」とは「ゆく」

の意味に当たるといえる。すなわち行とは仏の明らかにされた行法の通りに「造作」し、それによって仏果に向かって「進趣」（すすむ、おもむく）してゆくものをいうのである。大行について二つの解釈があるのは、一方ではおよそ仏教において衆生の造作を離れた行は認めがたいという考え方があり、また一方では真宗において衆生の造作に進趣となるべき力・はたらきは認めることはできないという考え方があるからである。

大行とは、言い方を換えれば、衆生の造作という形であらわされていても、それが行として成立しているのは衆生の造作によるのではなく、阿弥陀仏の威神功徳においてであり、そこに他力の念仏の本質があるのである。所行説も能行説も、そのことをどのように受けとめていくかということに対する解釈であることを忘れてはならない。称名は名号の活動態であり、名号は静止しているものではなく、常に衆生を信じさせ称えさせるというあり方で活動し続けているものと見るべきである。

親鸞聖人が第十七願を大行の願とされるのは、法然聖人のいわれる選択本願の行とは、阿弥陀仏の不可思議なる威神功徳そのものである名号のはたらきを根拠とする法であることをあらわしておられるのである。つまり、衆生の称名という行為そのものに功徳があって往生するのではなく、衆生の称名となってはたらいている本願の名号によって往生することを明示されたものであるといえよう。善導大師の示された「六字釈」（『註釈版聖典七祖篇』三二五頁）や、法然聖人が称名にそなわる勝徳を「名号《みょうごう》はこれ万徳《まんどく》の帰《き》するところなり」（『註釈版聖典七祖篇』一二〇七頁）と述べられているのも、称える側の凡夫の行為に価値をみるのではなく、名号そのものの徳によって称名念仏の本質を開顕したものである。そして親鸞聖人は、善導大師や法然聖人によって示された念仏の法義を五願開示して第十七願によって独自に体系づけていかれたのである。

第五項　六字釈

親鸞聖人が名号についての解釈を示されるのは、「行文類」等に示される六字釈であるが、そのもととなるのは善導大師が『観経疏』「玄義分」に示された以下の釈である。

いまこの『観経《かんぎょう》』のなかの十声《しょう》の称仏《しょうぶつ》は、すなはち十願《がん》十行《ぎょう》ありて具《ぐ》足《そく》す。いかんが具足《ぐそく》する。「南無《なも》」といふはすなはちこれ帰命《きみょう》なり、またこれ発願回向《ほつがんえこう》の義《ぎ》なり。「阿弥陀仏《あみだぶつ》」といふはすなはちこれその行《ぎょう》なり。この義《ぎ》をもつてのゆゑにかならず往生《おうじょう》を得《う》。

(『註釈版聖典七祖篇』三二五頁)

この善導大師の六字釈は、無着菩薩の『摂大乗論釈』に基づいて仏教を理解しようとする学派（摂論家《しょうろんげ》・摂論学派）が、『仏説観無量寿経』下下品の十声の称名による往生を例に取り、仏名を称して往生することを、これらの論書にあらわれる仏の四種の方便説の一つ「別時意《べつじい》説《せつ》」とみたことにある。別時意説とは仏陀が怠惰な者を励まして仏縁を結ばせるため、わずかな善根でもって往生や成仏という究極的な果報があたかもすぐに得られるかのように説く教化法であり、実際にその果報をえるのは遠い未来（別時）であることからそのようにいう。彼らは仏名を称するという行は唯願無行《ゆいがんむぎょう》（ただ願のみにして行なし）であり、浄土往生は遠い未来に受ける結果であるにもかかわらず、『仏説観無量寿経』では、方便としてまるですぐにでも得られるように説かれたと論じているのである。

これに対し善導大師は六字釈を展開され、名号そのものに願行が具足していることを示して、唯願無行ではないから即時の往生であると示されている。すなわち「南無阿弥陀仏」の六字について、「南無」とは「帰命」であると語意を示した上で、そこには「発願回向」の義があることを示して「願」が具足することを述べ、また「阿弥陀仏」は本願に衆生が往生できなければ正覚をとらないと誓われた仏であるから、「阿弥陀仏」がそのまま衆生を往生させる力であることを明かされるのである。

すなわち南無阿弥陀仏の名号そのものに願行が具足するから、『仏説観無量寿経』下下品で示された「十声の称仏は、すなはち十願十行ありて具足す」るのである。したがって称名念仏による往生は即時の往生であると証明されるのである。

この善導大師の釈を承けて、親鸞聖人の六字釈は「行文類」（『註釈版聖典』一七〇頁）と『尊号真像銘文』（『註釈版聖典』六五五頁）との二箇所で明らかにされている。『尊号真像銘文』の六字釈は善導大師の六字釈そのものを釈されたものであり、当然のことながら称名念仏について衆生の側から六字を解釈しておられる。これに対して「行文類」の六字釈は、善導大師の六字釈を引用された後に、六字についてみずから解釈されたものであって、如来を中心として解釈されている点が特徴である。「行文類」の六字釈は以下のように釈されている。

しかれば「南無《なも》」の言《ごん》は帰命《きみょう》なり。「帰《き》」の言《ごん》は、至《し》なり、また帰説《きえつ》なり、説《せつ》の字《じ》は、悦《えつ》の音《こえ》なり。また帰説《きさい》なり、説《せつ》の字《じ》は、税《さい》の音《こえ》なり。悦税《えつさい》二《ふた》つの音《こえ》は告《つぐる》なり、述《のぶる》なり、人《ひと》の意《こころ》を宣述《せんじゅつ》するなり。「命《みょう》」の言《ごん》は、業《ごう》なり、招引《しょういん》なり、使《し》なり、教《きょう》なり、道《どう》なり、信《しん》なり、計《はからう》なり、召《めす》なり。ここをもつて「帰命《きみょう》」は本願招喚《ほんがんしょうかん》の勅命《ちょくめい》なり。「発願回向《ほつがんえこう》」といふは、如来《にょらい》すでに発願《ほつがん》して衆生《しゅじょう》の行《ぎょう》を回施《えせ》したまふの心《しん》なり。「即是其行《そくぜごぎょう》」といふは、すなはち選択本願《せんじゃくほんがん》これなり。「必得往生《ひっとくおうじょう》」といふは、不退《ふたい》の位《くらい》に至《いた》ることを獲《う》ることを彰《あらわ》すなり。
（『註釈版聖典』一七〇頁）

ここではまず「帰命」について、「帰」と「命」とに分け、それぞれにきわめて詳細な字訓を展開して仏意を明らかにされたあと、その意を「本願招喚の勅命」と示されている。そして「発願回向」については「如来すでに発願して衆生の行を回施したまふの心なり」と釈し、「即是其行」については「すなはち選択本願これなり」と釈して、最後に「必得往生」については「不退の位に至ることを獲ることを彰すなり」と釈されている。

この親鸞聖人の釈は、善導大師の六字釈に示された「南無」「帰」「命」「発願回向」「即是其行」「必得往生」の語を解釈した形をとっているが、善導大師の示す「阿弥陀仏」の語についての釈はない。そのため、「南無阿弥陀仏」を二字と四字とに分けるのではなく、「南無阿弥陀仏」という六字そのものに対する解釈と考えられる。その関係を図示すると先のようになる。

南無阿弥陀仏
- 帰命……本願招喚之勅命…能回向の相（回向のすがた）
- 発願回向…如来已発願回施衆生行之心
  ……能回向の心（回向の心）
- 即是其行…選択本願……所回向の行(回向される力用)

すなわち、「南無阿弥陀仏」という名号は、如来の「本願招喚之勅命」であり、「如来已発願回施衆生行之心」であり、如来の「選択本願」であって、六字全体の徳義がすべて如来の側で示されているのである。ここに衆生の称名でありながらその徳義は本願成就の名号そのものにあり、それは如来の回向によって成立しているという、徹底した他力義の開顕がある。

二河白道

ところで、「行文類」の六字釈に示された「本願招喚の勅命」という言葉は、明らかに善導大師が二河白道の譬喩を合法《がっぽう》する中に、

仰《あお》ぎて釈迦《しゃか》発遣《はっけん》して指《ゆび》さして西方《さいほう》に向《む》かはしめたまふことを蒙《こうむ》り、また弥陀《みだ》

悲心《ひしん》をもつて招喚《しょうかん》したまふによりて、いま二尊《そん》（釈尊・阿弥陀仏）の意《みこころ》に信順《しんじゅん》して、水火《すいか》の二河《が》を顧《かえり》みず、念々《ねんねん》に遺《わす》るることなく、かの願力《がんりき》の道《どう》に乗《じょう》じて、捨命以後《しゃみょういご》かの国《くに》に生《しょう》ずることを得《え》て、仏《ぶつ》とあひ見《まみ》えて慶喜《きょうき》することなんぞ極《きわ》まらんといふに喩《たと》ふ。（『註釈版聖典七祖篇』四六九頁）

と釈されたものを承けたものである。また『尊号真像銘文』における、

「言南無者《ごんなもしゃ》」といふは、すなはち帰命《きみょう》と申《もう》すみことばなり。帰命《きみょう》は、すなはち釈迦《しゃか》・弥陀《みだ》の二尊《にそん》の勅命《ちょくめい》にしたがひて、召《め》しにかなふと申《もう》すことばなり。このゆゑに「即是帰命《そくぜきみょう》」とのたまへり。「亦是発願回向之義《やくぜほつがんえこうしぎ》」といふは、二尊《にそん》の召《め》しにしたがうて、安楽浄土《あんらくじょうど》に生《うま》れんとねがふこころなりとのたまへるなり。（『註釈版聖典』六五六頁）

との釈も同様である。つまり、どちらの六字釈もともに善導大師の二河白道の譬えを重ね合わせて解釈されている。

善導大師の示された二河白道の譬えには、一人の行者が、眼前に横たわる水火二河の間に渡る白道を歩んでいくにあたって、釈尊が、この娑婆世界（東岸）から行者へ向けて「なんぢ、ただ決定《けつじょう》してこの道《みち》を尋《たず》ねて行《ゆ》け」（『註釈版聖典七祖篇』四六七頁）と西方に発遣され、一方で阿弥陀仏が、浄土（西岸）から行者に向けて「なんぢ一心正念《いっしんしょうねん》にしてただちに来《きた》れ。われよくなんぢを護《まも》らん」（同前）と招喚し続ける声によって、西岸へ渡りきることが示されている。この譬えを承けて六字釈が示されるのは、「南無阿弥陀仏」の念仏とは、浄土に生まれさせたいという阿弥陀仏の大悲心が、「阿弥陀仏に南無せよ」すなわち「われにまかせよ」という喚び声となって、みずからにはたらき続いているすがただからである。つまりそれは、いかなる者も救うという如来の名のりであると同時に、「われにまかせよ」という勅命なのであり、本願の行者とは、その勅命を受け入れ（信）、称える（行）ものであって、それはそのまま名号がはたらくすがたに他ならない。親鸞聖人は、このはたらきそのもの（法）をいうときに行と呼び、衆生（機）がはたらきを受ける面からいえば信といわれるのである。

第二節　行と信

第一項　第十七願と第十八願の関係

阿弥陀仏の名号のはたらきは、法の側からいえば「行」であり、衆生の側からいえば「信」となる。この両者の関係は、「正信偈」偈前の文において、

おほよそ誓願《せいがん》について真実《しんじつ》の行信《ぎょうしん》あり、また方便《ほうべん》の行信《ぎょうしん》あり。その真実《じつ》の行《ぎょう》の願《がん》は、諸仏称名《しょぶつしょうみょう》の願《がん》（第十七願）なり。その真実《しんじつ》の信《しん》の願《がん》は、至心信楽《ししんしんぎょう》の願（第十八願）なり。これすなはち選択本願《せんじゃくほんがん》の行信《ぎょうしん》なり。

（『註釈版聖典』二〇二頁）

と述べられている。すなわち真実の行の願は第十七願であり、真実の信の願は第十八願であると明示され、それを「選択本願の行信」とあらわされている。「選択本願」の語は、法然聖人の一願建立の法門を承けたものであるから、当然第十八願のことであり、『教行信証』の他の箇所でもすべて第十八願を

指している。したがって「選択本願の行信」とは、第十八願に誓われた「至心信楽欲生（我国）」の三心と「乃至十念」の称名念仏のことである。

　親鸞聖人がこの釈において、諸仏に咨嗟称される名号（第十七願）が、至心信楽欲生（我国）と衆生に信じられ（第十八願）、またその名号がそのまま第十八願の「乃至十念」の称名であると示されるのは、名号とは固然《こねん》とした（じっとしている）ものではなく、衆生に信じられ称えられるというあり方で活動しているものであることをあらわされるのである。そして「至心信楽欲生（我国）」の三心とは、その法を受け入れた衆生の側（機受）をあらわすので、第十八願をもって信の願とあらわされているのである。したがって行と信とは別々にあるのではなく不離一具の関係にある。

　言い換えれば浄土真宗では、行を信じる（就行立信）のであり、その行を受け入れた者は「弥陀《みだ》の誓願不思議《せいがんふしぎ》にたすけられまゐらせて、往生《おうじょう》をばとぐるなりと信《しん》じて念仏申《ねんぶつもう》さんとおもひたつ」（『歎異抄』、『註釈版聖典』八三二頁）信を得て、生涯相続される念仏（乃至十念）を行じていくのである。

　このように行と信との関係には、「行を信じる」ということと「信じて行

信じて行じる

じる」ということの二つの側面がある。「行を信じる」とは、まさに第十七願の諸仏によって讃歎される本願名号の行法を所信とするあり方をあらわしている。そして信心もまた如来より賜る信心であるのだから、行も信も本願成就の名号法の上に成立しているのである。「行」を所信の行法とする場合、これを「法」といい「教」といい、「信」はその法義を受けた衆生の側であるから「機受」あるいは「機」といい慣わしているが、親鸞聖人が「行文類」一乗海釈で、念仏について「円融《えんにゅう》満足《まんぞく》極速《ごくそく》無礙《むげ》絶対《ぜったい》不二《ふに》の教《きょう》なり」（『註釈版聖典』一九九頁）と示され、また「金剛《こんごう》の信心《しんじん》は絶対《ぜったい》不二《ふに》の機《き》なり」（同前）と釈されるのは、浄土真宗という法義は教えも信心も本願の成就の上に成立しているのであり、ともに一乗真実であることを明示されているのである。なお、「円融満足極速無礙絶対不二の教なり」は念仏についていわれていて、念仏は衆生が法義を受けたところであるから機受なのであるが、内心に隠れた信よりも、名号の活動態としては外に現れた念仏が顕著であるので、念仏をそのまま名号として法と位置づけて論じるのである。

また「信じて行じる」とは、「至心信楽欲生（我国）」の三心すなわち信心を得て相続される「乃至十念」の称名念仏のあり方をあらわしている。これは衆生の称名念仏の相続をあらわすと共に、その称名が弘願他力の念仏であり、真門自力の念仏ではないことを信心によって明らかにするのでる。すなわち信によって往生の因が決定するということになり、まさに信心正因という法義があらわされる。この信心をえた後の称名は往生の因としての行ではなく、報恩の行として相続されるものである。このように、行と信とは別々にあるのではなく不二不離の関係にある。すなわち、他力の信心は名号が心ではたらいているすがたであるということや、他力の信心も念仏もどちらも名号が衆生の心や口ではたらいているものであるということを行信不二という。また他力の信心は必ず他力の念仏となって口に出され、他力の念仏は他力の信心から出てきたものであり、他力の信心と他力の念仏とは決して離れないことを行信不離というのである。

行信不二不離

第二項　聞名と信心

第十七・第十八願成就文

第十七願と第十八願の関係がより具体的に明らかとなるのはその両成就文においてである。すなわち、『仏説無量寿経』下巻冒頭に第十一願成就文と共に一連のものとして、

十方恒沙《じっぽうごうじゃ》の諸仏如来《しょぶつにょらい》は、みなともに無量寿仏《むりょうじゅぶつ》の威神功徳《いじんくどく》の不可思議《ふかしぎ》なるを讃歎《さんだん》したまふ。あらゆる衆生《しゅじょう》、その名号《みょうごう》を聞《き》きて信心歓喜《しんじんかんぎ》せんこと、乃至一念《ないしいちねん》せん。至心《ししん》に回向《えこう》したまへり。かの国《くに》に生《うま》れんと願《がん》ずれば、すなはち往生《おうじょう》を得《え》、不退転《ふたいてん》に住《じゅう》せん。ただ五逆《ごぎゃく》と誹謗正法《ひほうしょうぼう》とをば除《のぞ》く。

（『註釈版聖典』四一頁）

と説かれている。この中、「あらゆる衆生」以下が第十八願成就文である。さて「あらゆる衆生」が「その名号を聞きて信心歓喜」すると述べられているが、「その名号」とは、その直前の第十七願成就文にある諸仏によって讃歎される「無量寿仏威神功徳不可思議」であるところの名号であり、第十七願に誓われている「我名」である。このことを娑婆世界で具体的にいえば、釈尊

（諸仏の中の一仏）によって説かれた『仏説無量寿経』の内容そのものを聞くということになる。そして第十八願成就文にある「その名号を聞きて」とある「聞」について、親鸞聖人は「信文類」に、

仏願の生起と本末

しかるに『経《きょう》』（大経・下）に「聞《もん》」といふは、衆生《しゅじょう》、仏願《ぶつがん》の生起《しょうき》本末《ほんまつ》を聞《き》きて疑心《ぎしん》あることなし、これを聞《もん》といふなり。（『註釈版聖典』二五一頁）

と釈されている。すなわちここで「その名号を聞く」について、なにを聞くのかというと「仏願の生起と本末」を聞くのであり、どのように聞くのかというと「疑心あることなし」と聞くのであると釈されるのである。

ところで、この「仏願」とは阿弥陀仏の本願である。そして「生起」とは「起こる」ことであり、なぜこのような法蔵菩薩の願が起こったのかということである。そして「本末」とは「因果」のことであり、本願が法蔵菩薩のどのような苦労をへて（因・本）、どういう力が完成したのか（果・末）ということである。つまり仏願の「生起」「本末」とは端的には名号成就のいわ

れを意味している。

この「生起」と「本末」とについては、たとえば親鸞聖人が本願の三心を釈する中、至心釈において、

一切《いっさい》の群生海《ぐんじょうかい》、無始《むし》よりこのかた乃至今日今時《ないしこんにちこんじ》に至《いた》るまで、穢悪汚染《えあくわぜん》にして清浄《しょうじょう》の心《しん》なし、虚仮諂偽《こけてんぎ》にして真実《しんじつ》の心《しん》なし。

（『註釈版聖典』二三一頁）

と述べられているが、続いて「ここをもつて如来、一切苦悩の衆生海を悲憫して（そこで阿弥陀仏は、苦しみ悩むすべての衆生を哀れんで）」とあることから、これが「仏願の生起」ということになる。すなわち「すべての衆生は、はかり知れない昔から今日この時にいたるまで、煩悩に汚れて清らかな心がなく、いつわりへつらうばかりでまことの心がない」という意味であって、この迷いの世界を抜け出すために必要なものを何一つ持っておらず、またつくり出すこともできない衆生の存在が、仏願の生起した理由となる。衆生が「仏願

の生起を聞く」ということは、みずからの真実のすがた（機の真実相）を知らされていくことでもある。

また、

ここをもつて如来《にょらい》、一切苦悩《いっさいくのう》の衆生海《しゅじょうかい》を悲憫《ひびん》して、不可思議《ふかしぎ》兆載永劫《ちょうさいようごう》において、菩薩《ぼさつ》の行《ぎょう》を行《ぎょう》じたまひし時《とき》、三業《さんごう》の所修《しょしゅ》、一念一刹那《いちねんいちせつな》も清浄《しょうじょう》ならざることなし、真心《しんしん》ならざることなし。如来《にょらい》、清浄《しょうじょう》の真心《しんしん》をもつて、円融無礙《えんにゅうむげ》不可思議《ふかしぎ》不可称不可説《ふかしょうふかせつ》の至徳《しとく》を成就《じょうじゅ》したまへり。（同前）

と述べられているのが「仏願の本末」である。すなわち「そこで阿弥陀仏は、苦しみ悩むすべての衆生を哀れんで、はかり知ることができない長い間菩薩の行を修められたときに、その身・口・意の三業に修められた行はみな、ほんの一瞬の間も清らかでなかったことがなく、まことの心でなかったことがない。如来は、この清らかなまことの心をもって、すべての功徳が一つに融けあっていて、思いはかることも、たたえ尽すことも、説き尽すこともでき

聞即信

ない、この上ない智慧の徳を成就された」という意味である。苦しみ悩むすべての衆生を救いとるために、阿弥陀仏は本願を因（本）として、「円融無礙不可思議不可称不可説の至徳」すなわち本願力という果（末）を成就されたのである。このような阿弥陀仏の仏願の生起と本末とが、第十七願で諸仏に讃嘆される名号のいわれ（名義）であって、それを疑心なく聞き受けていることが第十八願成就文の聞であり、すなわち信心ということになる。

親鸞聖人は『一念多念文意』にこの第十八願成就文を釈して、

「聞《もん》其名号《ごみょうごう》」といふは、本願《ほんがん》の名号《みょうごう》をきくとのたまへるなり。きくといふは、本願《ほんがん》をききて疑《うたが》ふこころなきを「聞《もん》」といふなり。またきくといふは、信心《しんじん》をあらはす御《み》のりなり。

（『註釈版聖典』六七八頁）

と述べられている。すなわち、成就文で「聞」とあるのは、名号のいわれである仏願の生起本末を聞いて疑心がない状態をいうのであり、「信心をあらはす御のりなり」といわれている。すなわち、「本願の名号をきく」ということは、そのまま如来の勅命を心にやどした状態であるというので、聞いているそのままが信である（聞即信）と述べておられるのである。

第三項　行の一念と信の一念

先に見た第十八願成就文には、「その名号を聞きて信心歓喜せんこと、乃至一念せん」と示されていたが、『仏説無量寿経』に説かれる「一念」という語について、親鸞聖人は行の一念と信の一念という釈をあらわされている。すなわち「行文類」において、

> おほよそ往相回向《おうそうえこう》の行信《ぎょうしん》について、行《ぎょう》にすなはち一念《いちねん》あり、また信《しん》に一念《いちねん》あり。行《ぎょう》の一念《いちねん》といふは、いはく、称名《しょうみょう》の遍数《へんじゅ》について選択易行《せんじゃくいぎょう》の至極《しごく》を顕開《けんかい》す。
> （『註釈版聖典』一八七頁）

と行・信ともに一念があることを明かされたあと、行の一念について詳しく

明かされ、信の一念については「信文類」において、

　それ真実《しんじつ》の信楽《しんぎょう》を案《あん》ずるに、信楽《しんぎょう》に一念《いちねん》あり。一念《いちねん》とはこれ信楽《しんぎょう》開発《かいほつ》の時剋《じこく》の極促《ごくそく》を顕《あらわ》し、広大難思《こうだいなんじ》の慶心《きょうしん》を彰《あらわ》すなり。

（『註釈版聖典』二五〇頁）

と述べて詳しく明かされている。

『仏説無量寿経』の「一念」

　この行信の一念という釈は、そもそも『仏説無量寿経』には、往生の因に関与する「一念」という言葉が三箇所にあることに由来する。すなわち第十八願成就文の「その名号を聞きて信心歓喜せんこと、乃至一念せん」と、「三輩段」下輩の文の「もし深法《じんぼう》を聞《き》きて歓喜信楽《かんぎしんぎょう》し疑惑《ぎわく》を生《しょう》ぜずして、乃至《ないし》一念《いちねん》、かの仏《ぶつ》を念《ねん》じたてまつりて、至誠心《しじょうしん》をもつてその国《くに》に生《うま》れんと願《がん》ぜん」（『註釈版聖典』四三頁）と、流通分の「弥勒付属《ふぞく》」の「それかの仏《ぶつ》の名号《みょうごう》を聞《き》くことを得《え》て、歓喜踊躍《かんぎゆやく》して乃至一念《ないしいちねん》せんことあらん」（『註釈版聖典』八一頁）である。

法然聖人は『選択集』利益章において、いずれの一念も行の一念、すなわち一回の称名をあらわすと見て、

> 余行《よぎょう》をもつて有上《うじょう》となし、念仏《ねんぶつ》をもつて無上《むじょう》となす。すでに一念《ねん》をもつて一無上《むじょう》となす。まさに知《し》るべし、十念《ねん》をもつて十無上《むじょう》となし、また百《ひゃく》念《ねん》をもつて百無上《ひゃくむじょう》となし、また千念《せんねん》をもつて千《せん》無上《むじょう》となす。……しかればもろもろの往生《おうじょう》を願求《がんぐ》せん人《ひと》、なんぞ無上大利《むじょうだいり》の念仏《ねんぶつ》を廃《はい》して、あながちに有上小利《うじょうしょうり》の余行《よぎょう》を修《しゅ》せんや。（『註釈版聖典七祖篇』一二二四頁）

と述べている。有上小利の余行に対して、この本願の念仏は、わずか一声の称名に無上大利の徳が具わっている法であることを明らかにされているのである。

行の一念

これに対して親鸞聖人は、先掲の行の一念を明かす釈の直後に「弥勒付属」の文を引かれているので、これを行の一念と見られていることが明らかであるが、第十八願成就文については信の一念であるとして先掲の釈を展開して

いる。また「三輩段」の「一念」については何の言及もないが、「化身土文類」で、

この願《がん》（第十九願）成就《じょうじゅ》の文《もん》は、すなはち三輩《さんぱい》の文《もん》これなり、『観経《かんぎょう》』の定散九品《じょうさんくぼん》の文《もん》これなり。

（『註釈版聖典』三七六頁）

と述べられるように、この一段が真実の法をあらわす一念とは位置づけられないためではないかとみられる。ちなみに覚如上人は『口伝鈔』第二一条において第十八願成就文と弥勒付属を共に信の一念とみており、蓮如上人は『御文章』五帖目第六通に弥勒付属を信の一念とみており、弥勒付属についてはその解釈が一定していないが、どちらの一念もともに衆生の上で活動している名号に関しての一念であり、行・信どちらでみても間違いではない。

親鸞聖人は、第十八願成就文の「一念」については「即得往生、住不退転」と往生成仏が決定する時に関する一念との意味から信の一念とされ、「弥勒付属」の文の一念については、次にこの世界の教主となる弥勒に教法（信の対象）を伝えるとの意味から行の一念とされたということができる。

さて親鸞聖人は、行の一念について、

> 行《ぎょう》の一念《いちねん》といふは、いはく、称名《しょうみょう》の遍数《へんじゅ》について選択易行《せんじゃくいぎょう》の至極《しごく》を顕《けん》開《かい》す。
>
> （『註釈版聖典』一八七頁）

といわれる。つまりわずか一回（心に届いた本願名号が念仏となって口にあらわれた最初の一声）という称名の回数（遍数）でもって、阿弥陀仏が選び取られた本願念仏という易行の法の究極の意義をあらわすという意味である。これを「遍数釈」と呼んでいる。

遍数釈の一念の一について、一回という意味と理解することも、一回目という意味と理解することも可能である。一念の一を一回と理解すれば、一念とは十声、百声、千声等の念仏に対して一声の念仏という意味となり、一回目と理解すれば、最初の一声の念仏という意味になる。最初の一声というのは、信後の最初の一声という意味であり、それは衆生救済の力・はたらきである名号南無阿弥陀仏が、この声となって活動する最初の一声であるという意味である。

『仏説無量寿経』弥勒付属の文には、一念に大利をえると示されているが、名号南無阿弥陀仏（＝大行）が、この私の声となって活動している称名念仏において、どの一声についても大利をえると語られているという理解も、最初の一声について大利をえると語られているという理解も、どちらの理解も、親鸞聖人の教義に照らして誤りであるとはいえない。

さて、親鸞聖人は続いて、

> 「大利《だいり》」といふは小利《しょうり》に対《たい》せるの言《ことば》なり。「無上《むじょう》」といふは有上《うじょう》に対《たい》せるの言《ことば》なり。まことに知《し》んぬ、大利《だいり》無上《むじょう》は一乗真実《いちじょうしんじつ》の利益《りやく》なり。小利《しょうり》有《う》上《じょう》はすなはちこれ八万四千《はちまんしせん》の仮門《けもん》なり。（『註釈版聖典』一八八頁）

と釈される。大利とは、八万四千の仮門における小利に対する言葉で、これが一乗真実の利益ということになる。ここで八万四千の仮門といわれているのは、種々の行を積み重ねてゆく聖道自力の法門をあらわし、一乗真実とは本願の法門をあらわしている。先に、どの一声でもという理解も、最初の一声でという理解も、どちらも誤りではないと述べたが、どの一声でもという理解よりも、最初の一声でという理解の方が、さまざまな行を積み重ねてゆく道との対比が明確である。どの一声でもというのは、最初の一声はもちろんであるが、百声目の一声でも、千声目の一声でもという意味になり、時に、九十九声の積み重ねを踏まえた百声目の一声、あるいは九百九十九声の積み重ねを踏まえた千声目の一声だから大利をえるのだという誤解を生みかねない。それに対して、最初の一声というのは、そのような誤解の生ずる余地はなく、行を積み重ねて成果をえる道に対して、わずか一声で大利をえる道という対比が鮮やかになるということができる。その意味で、一念とは信後の最初の一声の称名念仏であるという理解が妥当であるとされるのである。

行一念の釈では、「選択易行の至極を顕開す」と、最も易しいという面のみが指摘されているが、小利有上に対して大利無上といわれるのであるから、おのずから最も勝れているという面もあらわされている。なお、この最も易しいということと、最も勝れているということの意味については、衆生の力を必要としないから最も易しく、すべてが阿弥陀仏の力によるから最も勝れているのである。そして、衆生の力を必要としないのは、すべて阿弥陀仏の力によるからであり、その意味で、最も易しいということと、最も勝れているということとは、別のことではなく、最も易しいということが、そのまま最も勝れているということになる。

行一念の釈では、称名念仏において無上大利が語られているが、いうまでもなく称えるという行為の結果として無上大利をえることができるのではない。あくまでも、衆生救済の力・はたらきである名号南無阿弥陀仏によって無上大利をえるのであるということであり、誤って衆生の行為が役立つという意味に理解しないよう注意する必要がある。

行一念釈は、名号南無阿弥陀仏が、衆生自身の積み重ねる力・はたらきに超え勝れたものであることをあらわしている。行の一念とは、名号南無阿弥陀仏が、衆生の声となって活動する最初の一声という意味である。その最初の一声のところで、無上大利が語られるのであるから、有上小利でしかない衆生自身の積み重ねる力・はたらきに超え勝れているということになるのである。

乃至の理解

ところで、『仏説無量寿経』に「乃至一念」や「乃至十念」とある「乃至」に関して、親鸞聖人には四つの用例がある。すなわち「兼上下略中《けんじょうげりゃくちゅう》（兼両略中）」「乃下合釈《ないげがっしゃく》」「一多包容《いったほうよう》」「総摂多少《そうしょうたしょう》」である。

兼上下略中（兼両略中）

一般に「乃至」という言葉は、中間を省略するものであり、これが示されているのが「兼上下略中（兼両略中）」の用例である。すなわち、上下の数を示して中間を省略するという意味であり、たとえば「一～十（一から十まで）」という場合の「～」の記号に相当すると考えることができる。このことを「乃至十念」で考えてみると、「十念」の語を上の数を示したものとみるか、下の数を示したものとみるかによって、「一乃至十」をあらわしているとも、「生涯にわたる念仏乃至十」をあらわしているとも見ることが可能である。つまり少ない方から多い方へ向かう場合（従少向多［少従《よ》り多に向かう］）と、多い方から少ない方に向かう（従多向少［多従《よ》り少に向かう］）との二通りが考えられるのである。

乃下合釈

親鸞聖人は行の一念釈では、

『経《きょう》』（大経）に「乃至《ないし》」といひ、釈《しゃく》（散善義）に「下至《げし》」といへり。乃《ない》下《げ》その言《ことば》異《こと》なりといへども、その意《こころ》これ一《ひと》つなり。

（『註釈版聖典』一八八頁）

と述べられている。これを「乃下合釈」といい、この場合の「乃至」とは、善導大師が「上尽一形下至十声（上一形を尽くし、下十声に至るまで）」、すなわち一生涯の相続からわずか十声の念仏であっても、と釈された「下至」の用例と意味が同一である、従多向少の「乃至」とみるので「乃下合釈」と言われるのである。この「乃下合釈」については、すでに法然聖人が『選択集』本願章「念声是一」の釈であらわされていた理解を承けたものである。なお、善導大師は「散善義」では「下至十声」といわれるが、『往生礼讃』では「下至十声一声等」といわれている。これはわずか一声の称名で往生を決定させるという法義の超勝性をあらわすものである。

一多包容

一方、「乃至」を従少向多で見るならば、まさに一回の称名から、命が延びれば何万、何十万回という生涯にわたる多念相続をあらわすことになる。すなわちこの行の一念を明かす中で、親鸞聖人が先の「乃下合釈」に続いて「また乃至とは一多包容の言なり」とも述べられているのは、行の一念という釈を示したからといって、多念相続を否定するものではないということである。このことは『一念多念文意』では、

総摂多少

「乃至《ないし》」は、おほきをもすくなきをも、ひさしきをもちかきをも、さきをものちをも、みなかねをさむることばなり。（『註釈版聖典』六七八頁）

と明かされていて、この釈は、念仏の回数の多少を摂める言葉として「乃至」を明かすので、「総摂多少（総じて多少を摂す）」と言われる。

いずれにしても、『尊号真像銘文』に、

「乃至十念《ないしじゅうねん》」と申《もう》すは、如来《にょらい》のちかひの名号《みょうごう》をとなへんことをすすめたまふに、遍数《へんじゅ》の定《さだ》まりなきほどをあらはし、時節《じせつ》を定《さだ》めざることを衆生《しゅじょう》

にしらせんとおぼしめして、乃至《ないし》のみことを十念《じゅうねん》のみなにそへて誓《ちか》ひたまへるなり。

（『註釈版聖典』六四四頁）

とあるように、「乃至」という言葉は称名の回数を限定しないということであり、称えた回数が往生という結果に関係しないということは、衆生の努力を問題にしていないということであって、そのことがそのまま本願力による救済であることをあらわしている。

またこの行の一念釈では、

「専念《せんねん》」といへるはすなはち一行《いちぎょう》なり、二行《にぎょう》なきことを形《あらわ》すなり。

（『註釈版聖典』一八九頁）

とも述べられていて、「遍数釈」に対して「行相釈」と呼ばれている。この場合、「一念」とは、「一」は専一無二の一行、「念」は称念をあらわしている。つまり本願の念仏という一行のほかに他の行は必要としないということである。

信の一念

次に信の一念については、第十八願成就文の「乃至一念」についての釈であり、次のように明かされる。

　一念《いちねん》とはこれ信楽《しんぎょう》開発《かいほつ》の時剋《じこく》の極促《ごくそく》を顕《あらわ》し、広大難思《こうだいなんじ》の慶心《きょうしん》を彰《あらわ》すなり。

（『註釈版聖典』二五〇頁）

ところで、この成就文の「乃至一念」について、法然聖人は、先述の通り行の一念と見ておられる。それは「乃至十念」の念仏を誓われた第十八願の成就文であることから、「乃至十念」とあらわされた称名念仏が従多向少して「乃至一念」とあらわされていると見るからである。この場合、「念」は称念の意である。

しかし親鸞聖人は、第十七願成就文で諸仏にほめたたえられている法を、衆生（機）が疑いなく領受した時を明かしたものが、第十八願成就文の「その名号を聞きて信心歓喜せんこと、乃至一念せん」との説示であるとみて、この「一念」を信心をえる時として見るのである。この見方は、信一念釈で

『仏説無量寿経』の第十八願成就文に続いて『仏説無量寿経』の異訳『無量寿如来会』を引かれているが、そこに、

他方仏国《たほうぶっこく》の所有《しょう》の衆生《しゅじょう》、無量寿如来《むりょうじゅにょらい》の名号《みょうごう》を聞《き》きてよく一念《いちねん》の浄信《じょうしん》を発《おこ》して歓喜《かんぎ》せん

（『註釈版聖典』二五〇頁）

とあり、この「一念の浄信」が明らかに信心を表しているということも、成就文の「一念」を（信楽開発の）時剋をあらわしたものと見られる根拠となっている。この場合、「念」は「時剋」の意である。

すなわち、信一念釈における「一念」とは、信心が開きおこる時のきわまり（時剋の極促）をあらわし、またそれは広大難思の慶心をあらわしていた。「広大難思」とは、広大で衆生の思議を超えた本願成就の名号法であり、「慶心」とは、いまえることができたよろこびの心であるから、仏の勅命を聞き承けたまさにその時ということである。すなわち第十八願成就文に示された「乃至一念」の語は、信心歓喜するまさにその時を示すものであり、『一念多

念文意』にはそのことを「〈一念《いちねん》〉といふは信心《しんじん》をうるときのきはまりをあらはすことばなり」（『註釈版聖典』六七八頁）と述べられている。このように信の一念について「時剋の極促」をあらわすものとする解釈を「時剋釈」という。

極促の理解

さて時剋釈における「極促」という言葉の「促」の理解について、延促対《えんそくたい》で解釈する見方と奢促対《しゃそくたい》で解釈する見方がある。延促対とは、『浄土文類聚鈔』に、「乃至一念」について、

> また「乃至一念《ないしいちねん》」といふは、これさらに観想《かんそう》・功徳《くどく》・遍数等《へんじゅとう》の一念《いちねん》をいふにはあらず。往生《おうじょう》の心行《しんぎょう》を獲得《ぎゃくとく》する時節《じせつ》の延促《えんそく》について、乃至一念《ないしいちねん》といふなり、知《し》るべし。
> （『註釈版聖典』四八〇頁）

と、「延促」の語をもって解釈されていることを指す。「延」とは「のびる」の意であり、「促」とは「ちぢまる」の意である。ここでは「乃至一念」を「延促」と示されているのであるから、「乃至」は「延」に、「一念」は「促」と

対応する。「一念」の「一」は「初一」の義で「はじめ」の意味であり、「念」は「時剋」の意味であるから、時剋釈にいう「時剋の極促」とは縮まりきったはじめの時ということになる。すなわち仏願の生起と本末とを疑いなく聞き開いた最初の時（受法の初際）ということである。そして「延」とはそこから生涯相続されていく信心をあらわしている。

次に奢促対は、延促対が「促」の字を「ちぢまる」の意で解釈する見方であるのに対し、「促」の字を「はやい」の意で解釈するものである。これは西本願寺本『教行信証』信一念釈の「極促」の左に仮名で「トシ」とあり、高田本『教行信証』六字釈の「極促」の左に仮名でやはり「キワメテトキナリ」（『浄土真宗聖典全書』第二巻　宗祖篇上、三六頁）とあるものなどが根拠となっており、また、「行文類」と『愚禿鈔』の二機対（『註釈版聖典』一九九頁、五一〇頁）に「奢促対」とあるもの、『尊号真像銘文』に、

「夫《ふ》根《こん》有《う》利《り》鈍《どん》者《しゃ》　教《きょう》有《う》漸《ぜん》頓《とん》　機《き》有《う》奢《しゃ》促《そく》者《しゃ》……」〔略抄〕……「機《き》有《う》奢《しゃ》促《そく》者《しゃ》」といふは、機《き》に奢促《しゃそく》あり。「奢《しゃ》」はおそきこころなるものあり、「促《そく》」は

ときこころなるものあり。

（『註釈版聖典』六六七頁）

とあるものが「奢促」の用例である。「奢」とは「おそい」、「促」とは「はやい」という意味であるから、「極促」とは信心を獲る時間が「極めてはやい」ということになる。つまり、自力の信心が、修行によって確立していくのに必ず時間の経過を必要とすることに対し、他力の信心とは成立するのに時間を全く要しないということをあらわしている。それは他力の信心が「われにまかせよ」という仏勅を疑いなく受け入れた瞬間に成立する本願力回向の信であるからに他ならない。

ただし「行文類」と『愚禿鈔』の奢促対は、基本的には自力と他力とを解釈した部分に出てくる対概念であり、信一念釈や六字釈の「極促」に「トシ」と左仮名を付されているのはいずれも書写本であり、唯一の真蹟本である坂東本にこの左仮名はない。一方『浄土文類聚鈔』にあらわされる延促対は「乃至一念」の釈であり、また「遍数の一念」では無いとされているところから、行一念の釈ではなく信一念の釈と考えられる。親鸞聖人が時剋釈において、本願のはたらきを受けたまさにその時、衆生の造作を待たずに往生が決定することを顕しておられることに違いはないが、延促対を妥当とするべきであろう。

また行の一念釈に遍数釈と行相釈とがあったように、信の一念釈にも、いま述べた時剋釈の他に信相釈がある。すなわち、

「一念《いちねん》」といふは、信心《しんじん》二心《にしん》なきがゆゑに一念《いちねん》といふ。これを一心《いっしん》と名《な》づく。一心《いっしん》はすなはち清浄報土《しょうじょうほうど》の真因《しんいん》なり。（『註釈版聖典』二五一頁）

であり、この場合の「一念」とは「一」は無二、「念」は心であり、すなわち専一無二の心をあらわし、信心に二心・疑惑のないことをいう。

機受の極要・全相

ところで、このように第十八願成就文の「一念」を信心と理解するとき、願文に信心（三心）と称名（十念）とがあらわされているのに対し、成就文では衆生の行業を意味するものがなく、ただ信心のみがあらわされていることになる。ここに往生の正因としては信心のみであることが明らかとなる。

加えて「至心に回向したまへり」（成就文）と訓《よ》まれているのは、それが如来の回向によって成立している事態であることをあらわしている。よって成就文に示されているのは、本願のはたらきを信受するところの信心だけである。このことを成就文には「機受の極要（本願名号が衆生に受け取られた要）」があらわされているという。一方、願文には、本願のはたらきが行者の上で信となり念仏となっていくという、他力回向の仏道のすべてが示されている。このことを願文には「機受の全相（本願名号が衆生に受け取られた相《すがた》の全て）」があらわされているという。

　さて親鸞聖人は、行信の一念に関して次のようなご消息を残されている。

信《しん》の一念《いちねん》・行《ぎょう》の一念《いちねん》ふたつなれども、信《しん》をはなれたる行《ぎょう》もなし、行《ぎょう》の一《いち》念《ねん》をはなれたる信《しん》の一念《いちねん》もなし。そのゆゑは、行《ぎょう》と申《もう》すは、本願《ほんがん》の名号《みょうごう》をひとこゑとなへて往生《おうじょう》すと申《もう》すことをききて、ひとこゑをもとなへ、もしは十念《じゅうねん》をもせんは行《ぎょう》なり。この御《おん》ちかひをききて、疑《うたが》ふこころのすこしもなきを信《しん》の一念《いちねん》と申《もう》せば、信《しん》と行《ぎょう》とふたつときけども、行《ぎょう》をひとこゑするとききて疑《うたが》はねば、行《ぎょう》をはなれたる信《しん》はなしとききて候《そうろ》ふ。また、信《しん》はなれたる行《ぎょう》なしとおぼしめすべし。（『註釈版聖典』七四九頁）

これによると、行の一念、信の一念の二つがあるが、両者は不離の関係にあることを強調されている。それは「行をひとこゑするとききて疑はねば、行をはなれたる信はなし」とあるように、名号を一声称えて往生する（一声の称名となって活動している名号願力一つで往生する）と聞いて疑う心がないので、行を離れた信はないというのである。また「信はなれたる行なし」とあるのは、本願を信じないで称える称名は、他力をたのまずに自らの力をたのんで称える称名ということであり、それは如実の行ではないということである。こうして親鸞聖人は如来より回向される行信とは不離一具であることを明らかにしているのである。このことはまた、

弥陀《みだ》の本願《ほんがん》と申《もう》すは、名号《みょうごう》をとなへんものをば極楽《ごくらく》へ迎《むか》へんと誓《ちか》はせたまひたるを、ふかく信《しん》じてとなふるがめでたきことにて候《そうろ》ふなり。信心《しんじん》

ありとも、名号《みょうごう》をとなへざらんは詮《せん》なく候《そうろ》ふ。また一向名号《いっこうみょうごう》をとなふとも、信心《しんじん》あさくは往生《おうじょう》しがたく候《そうろ》ふ。（『註釈版聖典』七八五頁）

ともご消息に示されている。いずれの行もおよびがたき者に開かれた本願を聞き受けながら、そこに称名が出てこないというのは意味のないことであり、また他力の信心のないところで称名念仏一つをはげんでも往生はできないといわれるのである。

第四項　信心正因・称名報恩

信心正因・称名報恩は、浄土真宗という法義の根幹をあらわすものとして、御常教《ごじょうきょう》（御定教）とされ、略して信因称報とも呼ばれる。浄土真宗本願寺派の「宗制」においては、

信心は、阿弥陀如来の大智大悲の徳を具えた名号をいただくことである

から、往生の正因となる。信心決定の上は、報恩感謝の思いから、仏徳を讃嘆する称名念仏を相続する。これを信心正因、称名報恩というのである。

と述べられ、また『新編安心論題綱要』「称名報恩」の項には、

本願には信心と称名念仏とが誓われているが、信心こそが往生成仏のまさしき因（正因）であり、称名念仏は、称える私たちの心持ちからいえば、阿弥陀如来の救いの光の中に摂め取られていることをよろこび、その感謝のおもいが声となってあらわれてきたものであることを明らかにする。

（第二版、一〇六頁）

と説明される。すなわち第十八願には信心（至心・信楽・欲生）と称名（乃至十念）と往生（若不生者）とが誓われているが、その往生という果報に対して、信心を得た瞬間に往生成仏の因が満足するのであり、時間的にそれ以

降に出てくる念仏とは往因に関わらない報恩行であるというのである。また逆から言えば称名が報恩行であることは、正因は信心であることを顕しており、両者は相互に関係しあって内容を鮮明にしているのである。

さて、親鸞聖人の著述の中で、信心が往生（即成仏）の正因である旨を示したものを挙げれば、たとえば、

- 正定《しょうじょう》の因《いん》はただ信心《しんじん》なり。（「行文類」、『註釈版聖典』二〇六頁）
- 大信心《だいしんじん》は、すなはちこれ……証大涅槃《しょうだいねはん》の真因《しんいん》（「信文類」、『註釈版聖典』二一一頁）
- 涅槃《ねはん》の真因《しんいん》はただ信心《しんじん》をもつてす。（「信文類」、『註釈版聖典』二二九頁）
- 信心《しんじん》二心《にしん》なきがゆゑに一念《いちねん》といふ。これを一心《いっしん》と名《な》づく。一心《いっしん》はすなはち清浄報土《しょうじょうほうど》の真因《しんいん》なり。（「信文類」、『註釈版聖典』二五一頁）
- 不思議《ふしぎ》の仏智《ぶっち》を信《しん》ずるを　報土《ほうど》の因《いん》としたまへり
  信心《しんじん》の正因《しょういん》うることは　かたきがなかになほかたし
  （「正像末和讃」、『註釈版聖典』六〇八頁）

等を挙げることが出来る。一方、称名については、本願の念仏を正定業として明かしたものが多いが、次のように報恩謝徳の営みとして明かしたものがある。

・ただよくつねに如来《にょらい》の号《みな》を称《しょう》して、大悲弘誓《だいひぐぜい》の恩《おん》を報《ほう》ずべしといへり。

（「行文類」、『註釈版聖典』二〇五頁）

・ここに久《ひさ》しく願海《がんかい》に入《い》りて、深《ふか》く仏恩《ぶっとん》を知《し》れり。至徳《しとく》を報謝《ほうしゃ》せんがために、真宗《しんしゅう》の簡要《かんよう》を摭《ひろ》うて、恒常《ごうじょう》に不可思議《ふかしぎ》の徳海《とくかい》を称念《しょうねん》す。

（「化身土文類」、『註釈版聖典』四一三頁）

そして信心正因とともに、この報恩の称名という部分を強く打ち出して、親鸞聖人の教えを伝えていかれたのが、第三代宗主である覚如上人である。しかし覚如上人自身が「いくたびも先達《せんだつ》よりうけたまはり伝《つた》へし」（『註釈版聖典』九一〇頁）教義であるとも述べておられるように、確かに『歎異抄』

の第十四条、第十六条にはその思想がみえている。

さて覚如上人が信因称報について明かしているのは、『口伝鈔』、『改邪鈔』、『最要鈔』、『本願鈔』等である。たとえば『口伝鈔』第十六条には、

御釈《おんしゃく》『浄土文類《じょうどもんるい》』（教行信証）にのたまはく、「憶念弥陀仏本願《おくねんみだぶつほんがん》　自然即時《じねんそくじ》入必定《にゅうひつじょう》　唯能常称如来号《ゆいのうじょうしょうにょらいごう》　応報大悲弘誓恩《おうほうだいひぐぜいおん》」（正信偈）とみえたり。「ただよく如来《にょらい》の号《みな》を称《しょう》して、大悲弘誓《だいひぐぜい》の恩《おん》を報《むく》ひたてまつるべし」と。平《へい》生《ぜい》に善知識《ぜんぢしき》のをしへをうけて信心開発《しんじんかいほつ》するきざみ、正定聚《しょうじょうじゅ》の位《くらい》に住《じゅう》すとたのみなん機《き》は、ふたたび臨終《りんじゅう》の時分《じぶん》に往益《おうやく》をまつべきにあらず。そののちの称名《しょうみょう》は、仏恩報謝《ぶっとんほうしゃ》の他力催促《たりきさいそく》の大行《だいぎょう》たるべき条、文《もん》にありて顕然《けんぜん》なり。

（『註釈版聖典』九〇三頁）

と述べられる。ここで覚如上人は、「正信偈」の、

憶念弥陀仏本願、自然即時入必定、唯能常称如来号、応報大悲弘誓恩

（弥陀仏《みだぶつ》の本願《ほんがん》を憶念《おくねん》すれば、自然《じねん》に即《そく》の時必定《ときひつじょう》に入《い》る。ただよくつねに如《にょ》来《らい》の号《みな》を称《しょう》して、大悲弘誓《だいひぐぜい》の恩《おん》を報《ほう》ずべしといへり。）

（『註釈版聖典』二〇五頁）

を根拠として、往生の因が満足するのは、臨終の来迎の有無によってではなく、平生の信の一念であることを明示されている。また念仏とは、如来に臨終の来迎を求めて功徳を積むために設けられた行なのではなく、往生の因がすでに満足した信後に相続されてゆく行であるから、行為の対価を求めない無償の念仏であるということを「仏恩報謝の他力催促の大行」とあらわしているのである。これは信によって称名の自力・他力の区別を明かすという点において親鸞聖人の法義を鮮明にしたものであり、それを報恩と表現することで、自力念仏と厳に一線を画されたのである。

親鸞聖人は本願の行信を、主に第十七・十八願によって機・法に開いて法義を示していかれた。覚如上人は、それを信心正因・称名報恩という枠組みによって、機の上で、信じ、称えるという枠組みによってあらわされ、臨終来迎によって救済の得・不得を論じる臨終業成説に対し、平生業成の宗義を鮮明にされたのである。この覚如上人が打ち出された信因称報説を基礎にして、およそ百五十年後に、さまざまな卓越した伝道手法で、浄土真宗の法義を日本中に広めていかれたのが第八代宗主の蓮如上人である。

第三節　真実信心

第一項　他力の信心

およそ仏教において信心を軽んずるものはない。『華厳経』「賢首菩薩品」には「信《しん》は道《どう》の元《もと》、功徳《くどく》の母《はは》となす」（『大正蔵』第九巻、四三三上）と説かれ、『大智度論』には「仏法《ぶっぽう》の大海《たいかい》には信《しん》を能入《のうにゅう》となし、智《ち》を能度《のうど》となす」（『大正蔵』第二五巻、六三上）と説かれている。ここで信は「道の元」「能入」と示されているように、行者が仏道を歩むにあたっての始まりであり、またその歩みを根底から支えるものである。何を信じるのかといえば仏陀釈尊であり、また仏語である。仏陀釈尊の示された教法を信じ、そこに示された行を修めることにおいてさとりに向かう。そしてその行道の歩みは仏陀の教説に対する信順そのものであり、仏陀への帰依に他ならない。

さて、親鸞聖人が明らかにされた浄土真宗の法義においては、往生成仏の正因をそのまま信心とするものであり、ただ信心のみによってさとりに達することができるので唯信独達ともいわれ、信心はことに重要である。時代も場所も越え、人の資質も行を修した長短さえも問題とせず念仏の行者を往生させていく本願の法は、信という一点においてその対象である個人と接点を持ち、念仏の道を歩ませていく。信心が開《ひら》け発《おこ》るとは、衆生を往生成仏させようとする本願招喚の勅命が衆生に至りとどいたということであり、そのはたらきを「大行」といい、至りとどいたところを「大信」と呼んでたたえるのである。すでに衆生を往生成仏させようとする本願のはたらきを受けているのであるから、相続されていく念仏は、衆生を救う如来への報恩の念仏である。

信の対象

さて信心について論じる時に注意を要するのは、何について信を置くのかということと、信じるとはどのような状態をいうのかということにある。まず何について信を置くのかということについて、善導大師は『観経疏』「散善義」深心釈において「就人立信」と「就行立信」との釈によって、そのことを明らかにされている。すなわち「就人立信」とは「人に就きて信を立つ」という意味であり、この「人」とは、基本的には釈迦諸仏を意味している。この釈により、仏弟子とは覚者である仏陀の教説を尊び信順していく者であり、決してそれ以外の者には信を置かないことが知られるのである。そして「就行立信」とは「行に就きて信を立つ」という意味であり、この行とは行法、すなわち教えの内容である。釈尊の教説は、迷いの世界からさとりの世界へとわたる道を説かれたのであり、みずからが歩んでいく成仏道に対する信を就行立信とあらわしているのである。このことは、つまり釈尊によって明らかにされた本願念仏の道を歩むということであり、また阿弥陀仏の招喚の勅命にしたがってその道を歩むということである。

本章第二節第二項で述べたように、本願成就文には「その名号を聞きて信心歓喜せん」といわれているのであり、信心とは仏によって讃嘆されている名号を聞き、それをそのまま受け入れることである。そして、名号を聞くとはこの私を救おうとして願いがおこされ、その願いのままに成就されたのが本願力としての名号であるという、名号のいわれを聞くということである。

信の状態

では、その信とはどのような状態をいうのであろうか。親鸞聖人は、『教行信証』各巻の冒頭に次のような釈を置かれている。

「教文類」……「それ真実《しんじつ》の教《きょう》を顕《あらわ》さば、すなはち『大無量寿経《だいむりょうじゅきょう》』これなり」（『註釈版聖典』一三五頁）

「行文類」……「大行《だいぎょう》とはすなはち無碍光如来《むげこうにょらい》の名《みな》を称《しょう》するなり」（『註釈版聖典』一四一頁）

「証文類」……「つつしんで真実《しんじつ》の証《しょう》を顕《あらわ》さば、すなはちこれ利他円《りたえん》満《まん》の妙位《みょうい》、無上涅槃《むじょうねはん》の極果《ごくか》なり」（『註釈版聖典』三〇七頁）

「真仏土文類」…「つつしんで真仏土《しんぶつど》を案《あん》ずれば、仏《ぶつ》はすなはちこれ不《ふ》可《か》思《し》議《ぎ》光如来《こうにょらい》なり、土《ど》はまたこれ無量光明土《むりょうこうみょうど》なり」

（『註釈版聖典』三三七頁）

「化身土文類」…「つつしんで化身土《けしんど》を顕《あらわ》さば、仏《ぶつ》は『無量寿仏観経《むりょうじゅぶつかんぎょう》』の説《せつ》のごとし、真身観《しんしんかん》の仏《ぶつ》これなり。土《ど》は『観経《かんぎょう》』の浄土《じょうど》これなり」

（『註釈版聖典』三七五頁）

これらは親鸞聖人が、これから明かそうとしてゆく真実教・大行・真実証・真仏土・化身土とは何であるのかを冒頭に示しているのであり、出体釈といわれる。ところが、「信文類」には、「つつしんで往相《おうそう》の回向《えこう》を案《あん》ずるに、大信《だいしん》あり」（『註釈版聖典』二一一頁）と述べた後に信心の徳を讃め嘆える言葉が並べられるだけであり、そもそも信心とは何であるのかを示す出体釈がない。

これは、他力の信心とは信心そのものを指定することができないためである。すなわち他力の信心とは、一般仏教でいうように、みずからが全生涯を通じ努力して清浄に磨き上げていく心ではなく、また、深い思索や知識の習得によって身につく心という性質のものではない。その信心は、「勅命の他に領解なし」と言われるように、法蔵菩薩の願心が「我にまかせよ」という本願の名号として成就した南無阿弥陀仏の名のりを、ただ今、疑心なく聞いているところに成立している信心である。したがって、こうして成立する信心とは、みずからがつくり上げた信心ではなく、如来より賜った信心であるので他力の信心と呼ぶのである。故に行者の上に信心そのものを指定することはできないので、出体釈は示されず、親鸞聖人があえて信心の本質をあらわそうとするときには「この至心《ししん》はすなはちこれ至徳《しとく》の尊号《そんごう》をその体《たい》とせるなり」（『註釈版聖典』二三二頁）と、名号をもって指定されるのである。

第二項　信と疑

他力の信心は、第十八願成就文の「聞其名号」を釈して、

「聞其名号《もんごみょうごう》」といふは、本願《ほんがん》の名号《みょうごう》をきくとのたまへるなり。きくといふは、本願《ほんがん》をききて疑《うたが》ふこころなきを「聞《もん》」といふなり。またきくとい

ふは、信心《しんじん》をあらはす御《み》のりなり。

（『註釈版聖典』六七八頁）

と述べられているとおり、「我にまかせよ」という本願の名号として成就した南無阿弥陀仏の名のりを疑心なく聞いているところに成立している信心である。親鸞聖人は、ここで真実信心を「疑ふこころなき」と示されるように、「信」に対して「疑」を対概念として用いられる。すなわち「疑」という言葉によって自力の信心をあらわし、逆に他力の信心は「無疑心」と示していかれるのであり、この点を明らかにすることによって信心の特徴がより明らかとなるのである。

無疑心

親鸞聖人は自力について、たとえば『親鸞聖人御消息』第六通には、

まづ自力《じりき》と申《もう》すことは、行者《ぎょうじゃ》のおのおのの縁《えん》にしたがひて、余《よ》の仏号《ぶつごう》を称念《しょうねん》し、余《よ》の善根《ぜんごん》を修行《しゅぎょう》して、わが身《み》をたのみ、わがはからひのこころをもつて身口意《しんくい》のみだれごころをつくろひ、めでたうしなして浄土《じょうど》へ往生《おうじょう》せんとおもふを自力《じりき》と申《もう》すなり。

（『註釈版聖典』七四六頁）

信罪福心

と示されている通り、自力とは、行者がそれぞれの縁にしたがって、阿弥陀仏以外の仏の名号を称えたり、あるいは念仏以外の善を修めたりして、自身をたのみとし、自らが努力して、身・口・意の三業が乱れたならばそれをとりつくろって、立派な振舞いをおこなって浄土に往生しようと思うことである。

この、みずから悪業を絶ち、善業を修めてさとりへ向かおうとすることは、仏道において特別なことではない。本来仏道とは、このような廃悪修善を基本的枠組みとするものだからである。すなわち、戒律を遵守して悪をなすことなく心を穏やかにたもち、さまざまな行を重ねることで相応した徳を身に備え、生涯をかけて清浄なる智慧の完成を目指すものである。このことは一般に戒・定・慧の三学といわれ、また釈尊を含めた過去七仏が通じて誡められた、いわゆる「七仏通誡偈」には、

諸悪莫作　衆善奉行　自浄其意　是諸仏教（もろもろの悪《あく》を作《な》すことなかれ、すべての善《ぜん》を奉行《ぶぎょう》せよ、みずからその意《い》を浄《きよ》くす　これ諸仏《しょぶつ》の教《きょう》なり）

と示される。このような考え方の基礎となっているのは、「善因楽果・悪因苦果」といわれるような、みずからの善業（福）を因として好ましい結果（楽果）をえて、みずからの悪業（罪）を因として好ましくない結果（苦果）をえるという因果の道理である。この道理を信じる心を「信罪福心（罪・福を信じる心）」という。

しかし、阿弥陀仏がすでに成就した本願の法は、善悪、賢愚をえらばず救うという我々にとっては不可思議なる救済法である。その不可思議の本願に対して、衆生がみずからの善悪、賢愚といった価値判断を持ち込み、念仏によって廃悪修善して、救われるか否かを「思議」することは、たよりにならない自分をたよりにし、本当にたよりにするべき如来の救いを拒絶しているのであって、如来の本願を疑っていることに他ならない。よって、この信罪福心を不可思議の本願に向けた場合は「疑心」、あるいは「(衆生の）はからい」といわれ、自力の信心として否定されるのである。親鸞聖人はこの信心は、あたかも自らの心を疑いの蓋でもって閉ざし、如来の救いを拒絶するものであるというので「疑蓋《ぎがい》」ともよばれ、『正像末和讃』「誡疑讃」の末尾には、以上二十三首《いじょうにじゅうさんしゅ》、仏不思議《ぶつふしぎ》の弥陀《みだ》の御《おん》ちかひをうたがふつみとがをしらせんとあらはせるなり。

（『註釈版聖典』六一四頁）

信疑得失

と、疑とは「つみとが」であるとまで示され、厳しく誡められるのである。

ところで親鸞聖人が「疑惑」、「信罪福心」をもって自力の信心と位置づけ、真実報土へ往生することができないとされた根拠は、すでに第三章第二節第二項で述べたように、『仏説無量寿経』の胎化段に示されている。すなわち、第十九願・第二十願に誓われている往生の因は、仏智への疑惑と位置づけられ、真実報土へ化生することなく、化土へ胎生するのである。また第十八願に誓われた信楽こそ、明らかに仏智を信じるものと位置づけられ、真実報土へ化生する往生の正因であることがわかるのである。第十九願の至心・発願・欲生の三心、また第二十願の至心・回向・欲生の三心は、ともに浄土への往生を願うといっても、結局は仏智を疑う自力心であり、信ずるか疑惑するかによって報土へ化生するか（為得大利）、化土へ胎生するか（為失大利）が分かれるというので、これを「信疑得失」と呼ぶ。

　さて化土に胎生する者とは、本願を信じていないという状態では「疑」と位置づけられるが、一面、自力の行を積み重ねることによって自力の信心を確立した者である。しかしこれは決して容易な道ではない。大半の者が脱落する凡夫不相応の道であり、実質的には名のみあって実無きに等しいというべきである。このような化土が説かれる意図は、果の失を示して因の失を明らかにするためである。

信疑決判

　では本願を信受せず、かといって自力の信心を確立もできない者はどうなっていくのかというと、それは六道の迷いの世界を流転するより他はない。このことについて、親鸞聖人は、「正信偈」の源空讃に、

　生死輪転《しょうじりんでん》の家《いえ》に還来《かえ》ることは、決《けっ》するに疑情《ぎじょう》をもつて所止《しょし》とす。すみやかに寂静無為《じゃくじょうむい》の楽《みやこ》に入《い》ることは、かならず信心《しんじん》をもつて能入《のうにゅう》とすといえり。（還来生死輪転家　決以疑情為所止　速入寂静無為楽　必以信心為能入）
（『註釈版聖典』二〇七頁）

と示されている。ここでいわれる「疑情」とは、本願を信受しないことであり、これまでと変わりなく迷いの世界にとどまり流転していくのは、その疑いの心によるのである。一方、迷いの世界を離れてさとりの世界すなわち浄土に至ることができるのは、本願を信受することによる。この「正信偈」の文は、法然聖人の『選択集』三心章に、

まさに知《し》るべし、生死《しょうじ》の家《いえ》には疑《うたがい》をもつて所止《しょし》となし、涅槃《ねはん》の城《みやこ》には信《しん》をもつて能入《のうにゅう》となす。ゆゑにいま二種《しゅ》の信心《しんじん》を建立《こんりゅう》して、九品《ぼん》の往生《おうじょう》を決定《けつじょう》するものなり。

（『註釈版聖典七祖篇』一二四八頁）

と示されたところによるのであるが、生死の流転を繰り返すのか涅槃に至るのかは、本願を信じるか疑うかを分岐とするので、これを「信疑決判」という。

このように「信疑得失」は、報土への化生か化土への胎生かについて述べられたものであり、「信疑決判」は、六道すなわち迷いの世界にとどまるのか、

信と「たのむ」

浄土すなわちさとりの世界へ往生するのかについて述べられたものである。いずれにしても往生成仏の因は真実信心一つであり、信を勧め疑を誡められるという点では同じである。

ちなみに親鸞聖人は信をしばしば「たのむ」という言葉で表現される。たとえば「行文類」六字釈では「帰命」の「帰」の字を釈して「帰説」とし、その左に仮名で「よりたのむなり」(『註釈版聖典』一七〇頁)と書かれており、『唯信鈔文意』には「本願《ほんがん》他力《たりき》をたのみて自力《じりき》をはなれたる、これを〈唯信《ゆいしん》〉といふ」(『註釈版聖典』六九九頁)とある。一方で先掲の「御消息」には、自力の信心を「わが身をたのみ」とあらわされている。また、『一念多念文意』には、

> 自力《じりき》といふは、わが身《み》をたのみ、わがこころをたのむ、わが力《ちから》をはげみ、わがさまざまの善根《ぜんごん》をたのむひとなり。　(『註釈版聖典』六八八頁)

とも述べられている。この「たのむ」という言葉は、辞典には「たよりにする。あてにする。信仰する。たよるものとして身をゆだねる。依頼する。特

に懇願する。願う」など多くの意味が挙げられている。しかし親鸞聖人の用例には、この中の「依頼する。特に懇願する。願う」の意味はなく、すべて「たよりにする・あてにする」という意味である。また親鸞聖人が「たのむ」を漢字で表すときは「仰《あお》いでこれを憑《たの》むべし」（『行文類』、『註釈版聖典』一八七頁）、あるいは「難化《なんげ》の三機《さんき》、難治《なんち》の三病《さんびょう》は、大悲《だいひ》の弘誓《ぐぜい》を憑《たの》み、利他《りた》の信海《しんかい》に帰《き》すれば、これを矜哀《こうあい》して治《ち》す」（『信文類』、『註釈版聖典』二九五頁）等と「憑」という字を当て、「頼」の字は用いておられないことにも注意が必要である。蓮如上人の『御文章』に多く用いられている「たのむ」という表現もこの意である。

第三項　三心と一心

『大経』の三心と『観経』の三心

親鸞聖人が如来回向の信心を三心として顕される場合、もっぱらそれは『仏説無量寿経』の第十八願における「至心」「信楽」「欲生（我国）」の三心を指している。しかし願文に「至心信楽欲生我国」とあるのは本来、三心をあらわしたというより「心を至し信楽してわが国に生れんと欲ひて」と信心のありさまを一連にあらわしたものである。そもそも浄土三部経において三心といえば『仏説観無量寿経』における、

もし衆生《しゅじょう》ありて、かの国《くに》に生《しょう》ぜんと願《がん》ずるものは、三種《さんしゅ》の心《しん》を発《おこ》して即《すなわ》便往生《わちおうじょう》す。なんらをか三《み》つとする。一《ひと》つには至誠心《しじょうしん》、二《ふた》つには深心《じんしん》、三《み》つには回向発願心《えこうほつがんしん》なり。三心《さんしん》を具《ぐ》するものは、かならずかの国《くに》に生《しょう》ず。

（『註釈版聖典』一〇八頁）

とある中の「至誠心」「深心」「回向発願心」とするのが善導大師以来の伝統であった。では親鸞聖人がなぜ第十八願の「至心」「信楽」「欲生」を三心として扱ったのかというと、法然聖人の、

いまこの経《きょう》の三心《さんしん》は、すなはち本願《ほんがん》の三心《さんしん》を開《ひら》く。しかる故《ゆえ》は、至心《ししん》とは至誠心《しじょうしん》なり、信楽《しんぎょう》とは深心《じんしん》なり、欲生我国《よくしょうがこく》とは回向発願心《えこうほつがんしん》なり。

（『観無量寿経釈』、『昭和新修法然上人全集』一二六頁）

との釈を承けられたものとみられる。それによって親鸞聖人は『仏説無量寿経』の「至心」「信楽」「欲生」を三心とみて、これらを他力の信心をあらわすものとされるのであるが、次に述べるように『仏説観無量寿経』の至誠心・深心・回向発願心の三心は、自力の三心と他力の三心との両義にわたるものと位置づけておられる。

信心に関する問答

親鸞聖人が、この『仏説観無量寿経』の三心について教義的に明らかにされたのが、「化身土文類」において、ご自身で問答を発して詳説された隠顕釈である。隠顕釈については、すでに第三章第二節第二項に述べたが、すなわち「化身土文類」では、『仏説無量寿経』の至心・信楽・欲生と『仏説観無量寿経』の至誠心・深心・回向発願心の一異（同じか異なっているか）について問答をおこされ顕彰隠密義を示されている。そして『仏説観無量寿経』は、顕の義では要門の定散二善と組み合う自力の三心が説かれて『仏説無量寿経』とは異なるが、隠の義では『仏説無量寿経』と同じ弘願他力の三心が説かれていると釈されるのである。

そして次に、『仏説無量寿経』『仏説観無量寿経』の三心と『仏説阿弥陀経』に「一心不乱」と出てくる「一心」との一異について問答をおこされ、同じく『仏説阿弥陀経』に隠顕釈を示して、隠の義では他力の一心をあらわすが、顕の義によれば『仏説阿弥陀経』には念仏一行を選びながらも信心が自力であるという「真門」が説かれていると明示されるのである。

ところで、『教行信証』においてもう一箇所、親鸞聖人がご自身で問答を発されているのが、『仏説無量寿経』の三心に関するものであり、それが「信文類」のいわゆる「三一問答」である。親鸞聖人のおこされた問答が、いずれも信心についての問答である点には、注意しなければならない。

そこでは、親鸞聖人は信心を如来より回施されるということについて、一つにはその源となる阿弥陀如来によって完成された心、つまり仏心として三心をあらわし、また一つにはその仏心が衆生に至り届いたところで語られる心、つまり衆生の信心として三心をあらわされる。

換言すれば衆生に発起した信心とは、行者それぞれが発した別々の心では

なく、また浅深の違いがあるのでもなく、同じ仏徳のそなわった心であるということである。親鸞聖人は、

まことに知《し》んぬ、疑蓋間雑《ぎがいけんぞう》なきがゆゑに、これを信楽《しんぎょう》と名づく。信楽《しんぎょう》すなはちこれ一心《いっしん》なり、一心《いっしん》すなはちこれ真実信心《しんじつしんじん》なり。

（『註釈版聖典』二三一頁）

と述べ、三心のうちの「信楽」をもって「一心」と呼び、それを「真実信心」といわれるのである。

さてこの「三心」に対する「一心」とは、天親菩薩の『無量寿経優婆提舎《うばだいしゃ》願生偈』（『浄土論』）に、

世尊我一心　帰命尽十方　無礙光如来　願生安楽国（世尊《せそん》、われ一心《いっしん》に尽《じん》十方無礙光如来《ぽうむげこうにょらい》に帰命《きみょう》したてまつりて、安楽国《あんらくこく》に生《しょう》ぜんと願《がん》ず。）

（『註釈版聖典七祖篇』二九頁）

とあるのに由来している。すなわち、『仏説無量寿経』では三心が示されているのに対して、その『仏説無量寿経』をはじめとする浄土経典にもとづき書かれた『浄土論』では「一心」と示されていることを問題にしたのである。

「信文類」別序に、

広《ひろ》く三経《さんぎょう》の光沢《こうたく》を蒙《かぶ》りて、ことに一心《いっしん》の華文《かもん》を開《ひら》く。しばらく疑問《ぎもん》を至《いた》してつひに明証《みょうしょう》を出《いだ》す。まことに仏恩《ぶっとん》の深重《じんじゅう》なるを念《ねん》じて、人倫《じんりん》の哢《ろう》言《げん》を恥《は》ぢず。

（『註釈版聖典』二〇九頁）

とあるのは、以下で展開される三一問答について述べられたものである。

三一問答概要

では具体的に見てみると、三一問答は二段階の問答からなっている。まず全体的な流れを示すと、第一の問答では、

問《と》ふ。如来《にょらい》の本願《ほんがん》（第十八願）、すでに至心《ししん》・信楽《しんぎょう》・欲生《よくしょう》の誓《ちかい》を発《おこ》したまへり。なにをもつてのゆゑに論主《ろんじゅ》（天親）「一心《いっしん》」といふや。

答《こた》ふ。愚鈍《ぐどん》の衆生《しゅじょう》、解了易《げりょうやす》からしめんがために、弥陀如来《みだにょらい》、三心《さんしん》を発《おこ》したまふといへども、涅槃《ねはん》の真因《しんいん》はただ信心《しんじん》をもつてす。このゆゑに論主《ろんじゅ》、三《さん》を合《がっ》して一《いち》とせるか。

（『註釈版聖典』二二九頁）

と述べ、阿弥陀仏は第十八願に三心を発したのに対して、天親菩薩はなぜ一心と述べたのかと問われる。それに対し、愚鈍の衆生に理解しやすくするためであり、如来が三心を発されたといっても、涅槃の真因である信心は一心という形で成立するので、天親菩薩は三心を合して一心として示されたのであると答えた後、三心それぞれの字義に基づいて三心が信楽一心におさまると結論される。そして第二の問答では、

また問《と》ふ。字訓《じくん》のごとき、論主《ろんじゅ》の意《い》、三《さん》をもつて一《いち》とせる義《ぎ》、その理《り》しかるべしといへども、愚悪《ぐあく》の衆生《しゅじょう》のために阿弥陀如来《あみだにょらい》すでに三心《さんしん》の願《がん》を発《おこ》したまへり。いかんが思念《しねん》せんや。

（『註釈版聖典』二三二頁）

と述べ、第一の問答によって天親菩薩の意は明らかとなったが、そもそも阿弥陀仏は愚悪の衆生のために本願を発されたのに、なぜ三心とお誓いになったのかと仏意を問われる。そして、その答えとして、三心それぞれにそなわる義意を詳細に開顕した後、それをまとめて、

まことに知《し》んぬ、至心《ししん》・信楽《しんぎょう》・欲生《よくしょう》、その言異《ことばこと》なりといへども、その意《こころ》これ一《ひと》つなり。なにをもつてのゆゑに、三心《さんしん》すでに疑蓋《ぎがい》雑《まじ》はることなし、ゆゑに真実《しんじつ》の一心《いっしん》なり。これを金剛《こんごう》の真心《しんしん》と名《な》づく。金剛《こんごう》の真心《しんしん》、これを真実《しんじつ》の信心《しんじん》と名《な》づく。（『註釈版聖典』二四五頁）

と述べられている。

なお、三一問答そのものは、その後信楽一心はそのまま菩提心であるとの釈、すでに述べた信一念についての釈や「聞」についての釈、また後に第五章第一節第一項において述べる現生の利益についての釈等が置かれた後に、

三心《さんしん》すなはち一心《いっしん》なり、一心《いっしん》すなはち金剛真心《こんごうしんしん》の義《ぎ》、答《こた》へをはんぬ、知《し》るべしと。

（『註釈版聖典』二五三頁）

と結ばれるまで続いている。

三一問答はこのように二つの問答から成り立っているが、それぞれ答え方に特徴がある。第一の問答では、「至」「心」「信」「楽」「欲」「生」という六文字それぞれから、さまざまに字義を取り出して、その意味を詳らかにされる。それによって三心が信楽におさまることを明かされるので、この釈は「字訓釈」といわれる。そして第二の問答は、三心それぞれにこめられた仏意を明かし、それが大悲の勅命たる南無阿弥陀仏として回施されて衆生の信心（一心）となっていくという法義を明らかにするので「法義釈」といわれている。

字訓釈

まず第一の問答である字訓釈では、

「至」…真・実・誠

「心」…種・実

「信」…真・実・誠・満・極・成・用・重・審・験・宣・忠
「楽」…欲・願・愛・悦・歓・喜・賀・慶
「欲」…願・楽・覚・知
「生」…成・作・為・興

と、六文字から字義を取り出して、三心に込められた隠れた義意を明らかにする。次いでそれらを組み合わせて（会訓《えくん》）、

至心…真実誠種之心（往生成仏の因種となる真実にして誠なる心）
↓↓疑蓋無雑
信楽…真実誠満之心（仏の真実が衆生に満入している心）・極成用重之心（完成（至極成就）された本願のはたらき（用）を尊重〈重〉する心）・審験宣忠之心（つまびらかに明言〈審験〉された如来の仰せ〈宣〉を偽りなく〈忠〉信じる心）・欲願愛悦之心（浄土往生の願いを満たされて愛で悦ぶ心）・歓喜賀慶之心（往生の決定したことをよろこび、

聞き得た法をよろこぶ心）

↓↓疑蓋無雑

欲生…願楽覚知之心（往生できると知ってよろこび願う心）・成作為興之心（仏に成り大悲を興して、衆生救済の活動をなさしめられることを期する心）・大悲回向之心（欲生の体が如来の大悲心であり、また三心全体が如来回向であることを示す。字訓にはない）

↓↓疑蓋無雑

とする。すなわち「至心」の字訓から一つ、「信楽」の字訓から五つ、「欲生」の字訓から二つ（大悲回向之心は欲生の字訓ではなく、三心全体にわたる）の熟語を示し、それらの意味からすべて疑蓋無雑であるとまとめられる。そして最後に「疑蓋間雑なきがゆゑにこれを信楽と名づく」と述べ、信楽とは疑蓋無雑（無間雑）ということであることを明かされ、三心すべての訓から疑蓋無雑の意味を導けるので、三心とは疑蓋無間雑の信楽一心におさまることを明かされるのである。ちなみにこれは当時天台でよく用いられた寄字顕義

（字に寄せて義を顕す）といわれる手法である。

次に第二の問答である法義釈では、三心それぞれの釈が「機無」「円成《えんじょう》」「回施」「成一《じょういつ》」といわれる内容で構成されている。すなわち「機無」とされる一段では、衆生に真実清浄なる心がまったく存在しないことが明かされ、「円成」では、そういう衆生のために如来がかわって至徳の三心をまどかに成就されたことが明かされ、「回施」では、その成就した三心を南無阿弥陀仏の名号におさめて衆生に回施されることが明かされ、「成一」では、衆生の上でその名号が疑蓋無雑の信楽となることが明かされるのである。これを至心釈でいえば「一切の群生海～真実の心なし」までが機無、「ここをもって～至徳を成就したまへり」までが円成、「如来の至心をもって～回施したまへり」までが回施、「すなはちこれ利他の真心を彰す。ゆゑに疑蓋雑はることなし」が成一であり、至心とは、衆生にかわって如来が成就した清浄真実なる智慧心であると示されるのである。

次の信楽釈では最初に、

次《つぎ》に信楽《しんぎょう》といふは、すなはちこれ如来《にょらい》の満足大悲円融無礙《まんぞくだいひえんにゅうむげ》の信心海《しんじんかい》なり。このゆゑに疑蓋間雑《ぎがいけんぞう》あることなし。ゆゑに信楽《しんぎょう》と名《な》づく。

（『註釈版聖典』二三四頁）

と示される。すなわち、衆生に成立する信心とは、「如来の満足大悲円融無礙の信心海」であると述べられるのであるが、この「満足大悲」とは欲生釈において示される「大悲心」であり、また「円融無礙」とは至心釈において示される「円融無碍不可思議不可称不可説の至徳」であるから、ここでは、如来の至心と欲生によって、如来が衆生を摂め取って救うことに何の疑いもない（無疑）という仏の信楽が成立していることが明かされるのである。そして、

無始《むし》よりこのかた、一切群生海《いっさいぐんじょうかい》、無明海《むみょうかい》に流転《るてん》し、諸有輪《しょうりん》に沈迷《ちんめい》し、衆《しゅ》苦輪《くりん》に繋縛《けばく》せられて、清浄《しょうじょう》の信楽《しんぎょう》なし、法爾《ほうに》として真実《しんじつ》の信楽《しんぎょう》なし。

（『註釈版聖典』二三五頁）

と、往生成仏の因となるような真実の信楽（信心）は衆生が本来持ち得ないものであると示される。「清浄の信楽なし、法爾として真実の信楽なし」と、迷いの世界を流転し続けてきたことの因が示され、「ここをもつて無上の功徳値遇しがたく、最勝の浄信獲得しがたし」と、衆生みずからが「無上の功徳」に出遇うことも「最勝の浄信」をえることも不可能であると示されている。つづいて述べられる、

すべて雑毒雑修《ぞうどくざっしゅ》の善《ぜん》と名《な》づく。また虚仮諂偽《こけてんぎ》の行《ぎょう》と名づく。真実《しんじつ》の業《ごう》と名《な》づけざるなり。この虚仮雑毒《こけぞうどく》の善《ぜん》をもつて無量光明土《むりょうこうみょうど》に生《しょう》ぜんと欲《ほっ》する、これかならず不可《ふか》なり。（同前）

とは、衆生の雑毒雑修の善、虚仮諂偽の行によっての往生は不可能であること、すなわち自力の行は往生に役立つはたらき（功能）をもっていない（自力無功）ことをあらわしているのであり、これは後に述べる二種深信の機の深信にあたる。最後に、

この心《しん》はすなはち如来《にょらい》の大悲心《だいひしん》なるがゆゑに、かならず報土《ほうど》の正定《しょうじょう》の因《いん》となる。如来《にょらい》、苦悩《くのう》の群生海《ぐんじょうかい》を悲憐《ひれん》して、無礙広大《むげこうだい》の浄信《じょうしん》をもつて諸《しょ》有海《うかい》に回施《えせ》したまへり。これを利他真実《りたしんじつ》の信心《しんじん》と名《な》づく。（同前）

と述べ、如来より往生の正因であるところの真実清浄なる信心が回施され、衆生の信心となることが明かされる。如来の決定《けつじょう》無疑の信楽は南無阿弥陀仏の勅命となって衆生に聞こえるのであり、その勅命に全託する心が開け発ることを衆生の信楽というのである。その勅命に全託するとは二種深信の法の深信にあたるのであり、先の機無の釈と合わせると信楽が二種深信で釈されているということができる。このように機無と円成・回施とについては、至心釈・欲生釈と信楽釈とではその示し方が異なっている。なお信楽釈には成一に当たる部分はないが、それは成一する一心そのものである信楽の釈だからである。

最後の欲生釈では、

次《つぎ》に欲生《よくしょう》といふは、すなはちこれ如来《にょらい》、諸有《しょう》の群生《ぐんじょう》を招喚《しょうかん》したまふの勅命《ちょくめい》なり。すなはち真実《しんじつ》の信楽《しんぎょう》をもつて欲生《よくしょう》の体《たい》とするなり。まことにこれ大小《だいしょう》・凡聖《ぼんしょう》、定散自力《じょうさんじりき》の回向《えこう》にあらず。ゆゑに不回向《ふえこう》と名《な》づくるなり。

（『註釈版聖典』二四一頁）

とあるように、欲生とは、如来の大悲心が、衆生に対して浄土願生を命ずる招喚の勅命となってあらわれてくることを示される。それは「大小・凡聖」が、各自でそれぞれに「定散自力」の諸行を回向して、臨終来迎を祈願しながら往生を遂げようとする、不確かであるからこそより強く希《ねが》い求めるような自力の欲生とは、本質的に違うというのである。そのことを、

回向心《えこうしん》を首《しゅ》として大悲心《だいひしん》を成就《じょうじゅ》することを得《え》たまへるがゆゑに、利他真《りたしん》実《じつ》の欲生心《よくしょうしん》をもつて諸有海《しょうかい》に回施《えせ》したまへり。欲生《よくしょう》すなはちこれ回向《えこう》心《しん》なり。

（同前）

不定希求と決定要期

と如来の回向心として示し、衆生からいえば不回向という形で成立する他力真実の欲生心であることを明かしているのである。この欲生は、如来の勅命を受け入れる疑蓋無雑の信楽にそなわる心であり、必ず実現する往生浄土を待っている状態として成立することから、「不定希求《ふじょうけぐ》（最後まで決定しない往生を希い求める心）」としての自力の欲生に対し、「決定要期《けつじょうようご》（決定している往生をまちうける心）」としての他力の欲生である。

三重出体

ところで、法義釈では三心相互の関係を明かした釈が、三心それぞれの釈に設けられており、これを三重出体《さんじゅうしゅったい》という。至心釈では、

この至心《ししん》はすなはちこれ至徳《しとく》の尊号《そんごう》をその体《たい》とせるなり。

（『註釈版聖典』二三二頁）

といわれ、信楽釈には、

すなはち利他回向《りたえこう》の至心《ししん》をもつて信楽《しんぎょう》の体《たい》とするなり。

（『註釈版聖典』二三五頁）

といわれ、欲生釈には、

すなはち真実《しんじつ》の信楽《しんぎょう》をもつて欲生《よくしょう》の体《たい》とするなり。

（『註釈版聖典』二四一頁）

といわれている。これらの釈は、三心がどのような関係で衆生の信心（信楽）として成立しているかを明かしたものである。

すなわち、至心とは「至徳の尊号」つまり名号を体（本質）として成立する心であることが明かされる。つまり至心とは真実心であり仏智そのもの（円融無礙不可思議不可称不可説の至徳）であるが、それは名号の回施、すなわち本願招喚の勅命として衆生に至り届くのであり、その徳が衆生の至心として成立していることをあらわすのである。

次の信楽釈では、如来の仏智は名号として衆生に回施されるが、それを疑いなく聞き受ける時、衆生に信楽（無疑心）が成立するのであり、至心はその信楽の本質たる真実心としてそこに成立していることを明かすのである。

最後の欲生釈では、欲生とは、勅命を疑いなく受け入れる（信楽）ところに、おのずからそなわる欲生（願生）心であり、信楽と別に成立させていく心ではないということを「真実の信楽をもつて欲生の体」と示されるのである。このことを、欲生は信楽にもともと具わっている義を別に示したという意味で、欲生は信楽の義別であるという。

このように三重出体の釈により、至心は信楽の体であり、欲生は信楽に具わる義であって、名号を領受した心相をいえば信楽一心の他はないことが知られるのである。

第四項　二種深信

他力の信心のありさまをあらわしたものに、善導大師が『観経疏』「散善義」深心釈に示された二種深信の釈がある。

「二には深心《じんしん》」と。「深心《じんしん》」といふはすなはちこれ深《ふか》く信《しん》ずる心《しん》なり。また二種《しゅ》あり。一には決定《けつじょう》して深《ふか》く、自身《じしん》は現《げん》にこれ罪悪生死《ざいあくしょうじ》の凡夫《ぼんぶ》、曠《こう》劫《ごう》よりこのかたつねに没《もっ》しつねに流転《るてん》して、出離《しゅつり》の縁《えん》あることなしと信《しん》ず。二には決定《けつじょう》して深《ふか》く、かの阿弥陀仏《あみだぶつ》の、四十八願《がん》は衆生《しゅじょう》を摂受《しょうじゅ》したまふこと、疑《うたがい》なく慮《おもんぱか》りなくかの願力《がんりき》に乗《じょう》じてさだめて往生《おうじょう》を得《う》と信《しん》ず。

（『註釈版聖典七祖篇』四五七頁）

これは、『仏説観無量寿経』に説かれる三心のうちの「深心」に対する釈であるが、善導大師はこの「深心」というのは「深い心」ではなく、「深く信ずる心」と規定される。そしてその「深く信ずる」ということについて二種があると示されるので「二種深信」というのである。それぞれ「決定して深く」と始まるが、決定して信じるということが「深く信ずる」という意味（決定心）であり、決定していない信は深信ではない。

機の深信

まず最初に示される信のすがたは、自身は現に罪悪によって「生死」という迷いの生存を繰り返している凡夫であり、はるかなる過去から常に流転しつづけ、自分はこの輪廻を出離《しゅつり》すべき何の因も持ち合わせていないということを深く信じる（決定心）のである。

法の深信

また次に示される信のすがたは、阿弥陀仏の四十八願とはそうした衆生を摂受すべく発されたものであるから、その願力によって往生していくということを疑なく慮なく深く信じる（決定心）のである。

機法相互の関係

前者は法を受ける「機」について深く信じるのであるから「機の深信」あるいは「信機」と呼ばれ、後者は衆生（機）を往生させてゆく法について深く信じるのであるから「法の深信」あるいは「信法」と呼ばれる。しかし二つで示されているといっても、「深心」を釈するのに、「深信」を二つに開いてあらわしたものであるから、それぞれ別の心があるというのではない。あくまで一つの信心のすがたについて二つの側面から述べたものであり、信機と信法とは二種一具である。また、どちらかが先でどちらかが後というように、相に次第があるわけではなく、「説必次第《せっぴつしだい》（説くに必ず次第あり）」といわれるように、説き方の順番として機の深信が先に、法の深信が後に説かれているというだけである。本願に出遇わなければ迷いの世界を脱け出すことができなかったと信知する信のすがた（機の深信）は、そのまま、本願に出遇ったからにはそのはたらきに自らの全てをまかせることによって間違いなく往生していくと信知する信のすがた（法の深信）である。本願のはたらきに出遇った衆生において、みずからをあてにする心がまったく無くなる（捨機・捨自）ということは、そのまま他力にすべてまかせる（託法・帰他）ということである。図示すると次のようになる。

機の深信―自力無功―捨機―捨自
　　　　　　　　　　即　　即
法の深信―他力全託―託法―帰他

二種深信は信の相であるから、おのずと「仏願の生起本末を聞く」というあり方とも重なる。すなわち「仏願の生起を聞く」ということは、仏願がなぜ生起したのかを知らされるということであり、それは成仏する手がかりを何も持っていない私の真実相を知らされるということであって、おのずと機の深信と同じ趣旨となる。また「仏願の本末を聞く」ということは、その願が法蔵菩薩がどのような苦労をへて建立され（本）、私を間違いなく往生成仏せしめるはたらきとして成就されたのか（末）を知らされるということであるから、おのずと法の深信と同じ趣旨となる。この機法二種の深信こそ、真実信心の相をよくあらわす釈なのである。たとえば『歎異抄』の後序には、親鸞聖人の常の仰せとして、

「弥陀《みだ》の五劫思惟《ごこうしゆい》の願《がん》をよくよく案《あん》ずれば、ひとへに親鸞一人《しんらんいちにん》がためなりけり。さればそれほどの業《ごう》をもちける身《み》にてありけるを、たすけんとおぼしめしたちける本願《ほんがん》のかたじけなさよ」と御述懐候《ごじゅつかいそうら》ひし

（『註釈版聖典』八五三頁）

との言葉が記録されているが、「弥陀の五劫思惟の願をよくよく案ずれば、ひとへに親鸞一人がためなりけり」が法の深信に当たり、「さればそれほどの業をもちける身にてありけるを、たすけんとおぼしめしたちける本願のかたじけなさよ」とあるのが、機の深信に当たる。このように本願の教えにまかせる者の信心のありさまはこの二種深信に言い尽くされるといえる。

『礼讃』の二種深信

ところで、この深心に関しては、『往生礼讃』にも同様の説示がある。

二には深心《じんしん》。すなはちこれ真実《しんじつ》の信心《しんじん》なり。自身《じしん》はこれ煩悩《ぼんのう》を具足《ぐそく》する凡夫《ぼんぶ》、善根薄少《ぜんごんはくしょう》にして三界《がい》に流転《るてん》して火宅《かたく》を出《い》でずと信知《しんち》し、いま弥陀《みだ》の本弘誓願《ほんぐぜいがん》は、名号《みょうごう》を称《しょう》すること下《しも》十声《しょう》・一声《しょうとう》等に至《いた》るに及《およ》ぶまで、さだめて往生《おうじょう》を得《う》と信知《しんち》して、すなはち一念《ねん》に至《いた》るまで疑心《ぎしん》あることなし。ゆゑに深心《じんしん》と名《な》づく。

（『註釈版聖典七祖篇』六五四頁）

こちらでは深心を「真実の信心」と表現されていることにまず注意が必要である。そして、『往生礼讃』では、深信にあたる部分は「信知」と示されている。

また機の深信においては「善根薄少」という言葉があり、いくらかの善根を積む能力を衆生に認めているようにみえるが、それらは善導大師自身が「雑毒の善」といわれているような有漏善（不実の善根）に他ならず、出離のたすけとなるような清浄真実なる善根ではない。そして法の深信においては「名号を称すること下十声・一声等に至るに及ぶまで」と従多向少で示され、本願念仏の法の超勝性があらわされているのである。なお、親鸞聖人が『往生礼讃』の二種深信の釈を引かれるときには、必ず『集諸経礼懺儀《しゅうしょきょうらいさんぎ》』に引用されているものを用いられる。そこでは「名号《みょうごう》を称《しょう》すること下至十声聞等《げしじっしょうもんとう》に及《およ》ぶまで」（『註釈版聖典』一八八・二二八頁）とあり、衆生の造作を待たずに救済が確定するという唯信独達の法であることが示されている。

　そしてこれまで述べてきた信心によって、浄土真宗という教えにはいかなる利益がもたらされるのか、次章で述べていく。

第五章　浄土真宗の利益

宗教と利益

　宗教と聞いて「利益《りやく》」ということを想い起こす人も多いであろう。しかし、宗教のすべてが利益を説くわけではない。キリスト教やイスラム教など、普遍宗教といわれるもののうち、利益を説くのは仏教だけであり、「利益」とはもともと仏教の言葉である。日本の神道も、『古事記』や『日本書紀』を繙《ひもと》けば、もとは利益を説くものではなかったことが容易に理解される。キリスト教やイスラム教が神の名の下に歴史を解釈することを基盤としているように、神道もまた日本の歴史に深く関わりながら、土着の信仰や祖霊信仰と結びついて発展してきた。そうした宗教においては、基本的に利益が説かれることはない。

　神道が利益ということと結びついて考えられてゆくのは、平安時代以降、神仏習合《しゅうごう》（神仏混淆《こんこう》）が顕著になる中で、神社などにおいて個人的な祈願が行われるようになってからのことである。それ以前は神はあくまで共同体の

仏教の説く利益

神であり、個人が神社等に参拝するのは祭りの時であって、それも個人の属する共同体が厄災等を忌避するためであった。いわゆる現世利益といわれるものは、共同体の厄災忌避ではなく、個人的な願いを神仏の力において成就させようというものである。それは、日本においては仏教伝来時より、仏が日本の神と同質視されたこともあり、仏教の説く利益が神道に影響を与えて、神道において個人的な祈願が行われるようになったものと考えられるが、やがて「利益」の語は現世における個人的な願望を神仏の力において成就することと受け取られるようになったのである。

しかし仏教の説く利益は、もともとの意味からすれば個人的な祈願と直接結びつくものではない。「利益」とは本来、仏・菩薩が功徳を与えることであり、それはそれぞれの誓願にもとづく。そのはたらきはみずからに向けてもなされるものであるが、仏・菩薩の性格上、もっぱら他者に向けてなされるはたらきについて「利益」の語が用いられる。すなわち利益とは、「仏・菩薩が衆生を利益する」という文脈で用いられるべき言葉であり、迷いの世界を流転し続ける衆生に対して、仏がみずからの誓願にもとづき、さとりへ向かわせようとするはたらきに他ならず、そこに個人的な祈願は関与しない。個人的な祈願が説かれるのは、例えばインドのヒンドゥー教や中国の道教などである。しかしながら、インドの仏教においても、その後期にバラモン教やヒンドゥー教との関係性を深めてゆく中で、真言・陀羅尼《だらに》を唱えることにより現世における利益を成就しようとする密教が成立してゆく。密教において説かれる利益は、最終的にはさとりに向かうということにつながってゆくのであろうが、現実のあり方としては、仏教において「利益」という言葉が示そうとした本質的な意味からは遠ざかるものである。「仏・菩薩が衆生を利益する」という本義の示すところは、衆生をさとりへ向かわせようとするはたらきであり、それが衆生の現世における欲望や願望の成就を意味することはない。

さて、浄土教における利益とは、阿弥陀仏がその本願にもとづき衆生を利益することである。『教行信証』における引用文中の「利益」の用例は、そのように阿弥陀仏を主語として述べられるものがほとんどであり、それは仏教における「利益」の本義から離れるものではなく、現世における個人的な願望の成就、いわゆる現世利益を説くものではない。このように阿弥陀仏を主語として「利益」が述べられるものの他に、特に親鸞聖人自身の釈において、そのはたらきを受けるところ、すなわち衆生を主語とした機受の立場で「～の利益にあずかる」、「～の利益をえる」という文脈で述べられる場合がある。つまり、はたらきを受けた衆生に生じる事態を「利益」の語で示されるのであるが、それは「阿弥陀仏がその本願にもとづき衆生を利益する」ことを衆生の側から示すものである以上、衆生の現世における欲望や願望の成就すなわち現世利益を意味しているわけではない。しかし親鸞聖人は、「信文類」に現生における利益について述べ、また『浄土和讃』にも「現世利益和讃」として十五首を示しておられる。これはどのように理解すればよいのだろうか。

そこで本章では、まず第一節において、信をえた時にえる利益（現生の利益）にはどのようなものがあるのか、利益をえた者はどうなるのか、親鸞聖人は利益をえた者をどのように讃えているか、さらにはそのような利益をえる根拠を経典・論釈のどこに見ることができるのかを述べる。

第二節では、浄土に往生してえる利益（当来の利益）は滅度であり、すなわち成仏するということであるが、その浄土には何が往生するのか、また成仏するとはどういうことなのか、特にはたらきの面について述べる。

第三節では、現生でえる利益と当来の利益を混同してはならないこと、また最後に同じ他力の信心を因とするから、みなともに真実の浄土へ往生できることについて述べ、浄土真宗の利益について明らかにしていく。

第一節　現生の利益

第一項　現生十益

浄土真宗における利益とは、『浄土和讃』「大経讃」に、

無礙光仏《むげこうぶつ》のひかりには　清浄《しょうじょう》・歓喜《かんぎ》・智慧光《ちえこう》
その徳不可思議《とくふかしぎ》にして　十方諸有《じっぽうしょう》を利益《りやく》せり　（『註釈版聖典』五六六頁）

とあるように、阿弥陀仏のはたらきであり、『教行信証』「証文類」に「それ真宗《しんしゅう》の教行信証《きょうぎょうしんしょう》を案《あん》ずれば、如来《にょらい》の大悲回向《だいひえこう》の利益《りやく》なり（『註釈版聖典』三一二頁）」と示されるように、如来が衆生を浄土に往生させることである。このことを衆生の側からいえば、如来の回向によって衆生が浄土に往生するということであり、またそのことにおいて衆生に生じる事態を「利益をえる」「利益にあずかる」というのである。

衆生が如来のはたらきによって浄土に往生させられるということについて、親鸞聖人は「信文類」に、「金剛《こんごう》の真心《しんしん》を獲得《ぎゃくとく》すれば、横《おう》に五趣八難《ごしゅはちなん》の道《どう》を超《こ》え、かならず現生《げんしょう》に十種《じっしゅ》の益《やく》を獲《う》」（『註釈版聖典』二五一頁）と現生における利益について示され、また『浄土和讃』には、「現世利益和讃」として十五首を示され、現生における利益について明かされている。

まず「信文類」には、

金剛《こんごう》の真心《しんしん》を獲得《ぎゃくとく》すれば、横《おう》に五趣八難《ごしゅはちなん》の道《どう》を超《こ》え、かならず現生《げんしょう》に十種《じっしゅ》の益《やく》を獲《う》。なにものか十《じゅう》とする。一《ひと》つには冥衆護持《みょうしゅごじ》の益《やく》、二《ふた》つには至徳具足《しとくぐそく》の益《やく》、三《み》つには転悪成善《てんあくじょうぜん》の益《やく》、四《よ》つには諸仏護念《しょぶつごねん》の益《やく》、五《いつ》つには諸仏称讃《しょぶつしょうさん》の益《やく》、六《む》つには心光常護《しんこうじょうご》の益《やく》、七《なな》つには心多歓喜《しんたかんぎ》の益《やく》、八《や》つには知恩報徳《ちおんほうとく》の益、九《ここの》つには常行大悲《じょうぎょうだいひ》の益《やく》、十《とお》には正定聚《しょうじょうじゅ》に入《い》る益《やく》なり。

（『註釈版聖典』二五一頁）

と念仏者は冥衆護持の益をはじめ、現生、すなわち現在の生涯に十種の利益が恵まれると示されている。「冥衆護持の益」とは、諸天善神など見えない存在に常に護られているという利益、「至徳具足の益」とは、名号に具わった無上の尊い徳が身にそなわるという利益、「転悪成善の益」とは、罪悪が転じて善となるという利益、「諸仏護念の益」とは、諸仏によって常に護られるという利益、「諸仏称讃の益」とは、諸仏によってほめたたえられるという利益、「心光常護の益」とは、阿弥陀仏の光明に摂め取られ常に護られるという利益、「心多歓喜の益」とは、心によろこびが多いという利益、「知恩報徳の益」とは、阿弥陀如来の恩を知り、その徳に報謝するという利益、「常行大悲の益」

総益と別益

とは、常に如来の大いなる慈悲を広めるという利益である。そして十番目の「正定聚に入る益」とは、正定聚（成仏が決定したなかま）に入るという利益である。これを一般に現生十益と呼んでいる。内容からも分かるように、はじめの九益は最後の「正定聚に入る益」に収まることから、「正定聚に入る益」が総益であり、前九益は総益から開かれた別益であると考えられる。ここでは現生における十種の利益が示されているが、それは総益である「正定聚に入る益」を開いたものであるから、十という数にこだわるものではない。そもそも正定聚に入るということは、さとりを開いて仏に成ることが定まることであるから、これ以上の利益はない。それは現生において「五趣八難の道を超え」ることであり、そのことを総益を除く九の別益で示されているのであって、『浄土文類聚鈔』に、

信《しん》を発《おこ》して称名《しょうみょう》すれば、光摂護《ひかりしょうご》したまふ、また現生無量《げんしょうむりょう》の徳《とく》を獲《う》。

（『註釈版聖典』四八六頁）

と示されるように、もっと開けば無量の徳ということになる。

また、『浄土和讃』に示される「現世利益和讃」とは、

「現世利益和讃」

- 阿弥陀如来《あみだにょらい》来化《らいけ》して　息災延命《そくさいえんめい》のためにとて
  『金光明《こんこうみょう》』の「寿量品《じゅりょうほん》」　ときおきたまへるみのりなり
- 山家《さんげ》の伝教大師《でんぎょうだいし》は　国土人民《こくどにんみん》をあはれみて
  七難消滅《しちなんしょうめつ》の誦文《じゅもん》には　南無阿弥陀仏《なもあみだぶつ》をとなふべし
- 一切《いっさい》の功徳《くどく》にすぐれたる　南無阿弥陀仏《なもあみだぶつ》をとなふれば
  三世《さんぜ》の重障《じゅうしょう》みなながら　かならず転《てん》じて軽微《きょうみ》なり
- 南無阿弥陀仏《なもあみだぶつ》をとなふれば　この世《よ》の利益《りやく》きはもなし
  流転輪廻《るてんりんね》のつみきえて　定業中夭《じょうごうちゅうよう》のぞこりぬ
- 南無阿弥陀仏《なもあみだぶつ》をとなふれば　梵王《ぼんのう》・帝釈《たいしゃく》帰敬《ききょう》す
  諸天善神《しょてんぜんじん》ことごとく　よるひるつねにまもるなり
- 南無阿弥陀仏《なもあみだぶつ》をとなふれば　四天大王《してんだいおう》もろともに
  よるひるつねにまもりつつ　よろづの悪鬼《あくき》をちかづけず

●南無阿弥陀仏《なもあみだぶつ》をとなふれば　堅牢地祇《けんろうじぎ》は尊敬《そんきょう》す
　かげとかたちとのごとくにて　よるひるつねにまもるなり

●南無阿弥陀仏《なもあみだぶつ》をとなふれば　難陀《なんだ》・跋難大竜等《ばつなんだいりゅうとう》
　無量《むりょう》の竜神尊敬《りゅうじんそんきょう》し　よるひるつねにまもるなり

●南無阿弥陀仏《なもあみだぶつ》をとなふれば　炎魔法王尊敬《えんまほうおうそんきょう》す
　五道《ごどう》の冥官《みょうかん》みなともに　よるひるつねにまもるなり

●南無阿弥陀仏《なもあみだぶつ》をとなふれば　他化天《たけてん》の大魔王《だいまおう》
　釈迦牟尼仏《しゃかむにぶつ》のみまへにて　まもらんとこそちかひしか

●天神《てんじん》・地祇《じぎ》はことごとく　善鬼神《ぜんきじん》となづけたり
　これらの善神《ぜんじん》みなともに　念仏《ねんぶつ》のひとをまもるなり

●願力不思議《がんりきふしぎ》の信心《しんじん》は　大菩提心《だいぼだいしん》なりければ
　天地《てんち》にみてる悪鬼神《あくきじん》　みなことごとくおそるなり

●南無阿弥陀仏《なもあみだぶつ》をとなふれば　観音《かんのん》・勢至《せいし》はもろともに
　恒沙塵数《ごうじゃじんじゅ》の菩薩《ぼさつ》と　かげのごとくに身《み》にそへり

●無礙光仏《むげこうぶつ》のひかりには　無数《むしゅ》の阿弥陀《あみだ》ましまして

化仏《けぶつ》おのおのことごとく　真実信心《しんじつしんじん》をまもるなり

●南無阿弥陀仏《なもあみだぶつ》をとなふれば　十方無量《じっぽうむりょう》の諸仏《しょぶつ》は
　百重千重囲繞《ひゃくじゅうせんじゅういにょう》して　よろこびまもりたまふなり
（『註釈版聖典』五七三～五七六頁）

の十五首である。「息災延命」や「七難消滅の誦文」の語があり、聖人の他の著述に比して違和感を感じる数首も含むが、これは専修念仏は諸仏や神々を軽視し、災害を招くという比叡山からの批判に反論する意味からの語とも考えられる。結局、内容的には現生十益の別益に相当するものであり、たとえば、「南無阿弥陀仏をとなふれば　この世の利益きはもなし　流転輪廻のつみきえて　定業中夭のぞこりぬ」の和讃に「五趣八難の道を超え」ることが示されている。「五趣」とは、地獄・餓鬼・畜生・人間・天上（六道のうち修羅を除く五道）であり、「八難」とは、仏の教えに接することが困難でさとりをえることの妨げとなる「地獄・餓鬼・畜生」を含む八つの状態である。信心の行者は正定聚に住し、「五趣八難の道を超え」、もはや迷いの世界を流転輪廻することがないのである。また、一見して冥衆護持の益や諸仏護念の益を詠うものも多い。

なお、現生十益は信心による利益、「現世利益和讃」は念仏による利益との違いはあるが、どちらも名号法による利益を機受で示したものといえよう。

現生正定聚

「正定聚」とは、『一念多念文意』の「正定の聚」の語に「かならず仏《ほとけ》になるべき身《み》となれるとなり」（『註釈版聖典』六八〇頁）という左訓が施されているとおり、間違いなくさとりに至る身となり、もはやさとりから退転しないもの（「聚」は「集まり・仲間」の意）ということである。このことが誓われている第十一願は、

たとひわれ仏《ぶつ》を得《え》たらんに、国中《こくちゅう》の人天《にんでん》、定聚《じょうじゅ》に住《じゅう》し、かならず滅度《めつど》に至《いた》らずは、正覚《しょうがく》を取《と》らじ。

（『註釈版聖典』一七頁）

である。ここには、「国中の人天」、つまり浄土に往生した往生人が、浄土においてて必ず滅度、すなわちさとりをえることが約束された利益として説かれ

ている。もともと正定聚は浄土でえる利益として説かれているのであるが、親鸞聖人は正定聚を阿弥陀如来によって信心をいただいたその時にえる利益とされている。すなわち、「証文類」に、

しかるに煩悩成就《ぼんのうじょうじゅ》の凡夫《ぼんぶ》、生死罪濁《しょうじざいじょく》の群萌《ぐんもう》、往相回向《おうそうえこう》の心行《しんぎょう》を獲《う》れば、即《そく》の時《とき》に大乗正定聚《だいじょうしょうじょうじゅ》の数《かず》に入《い》るなり。
（『註釈版聖典』三〇七頁）

とあるように、正定聚を信心を獲得したその時にえる利益とされる。また『一念多念文意』では、第十一願成就文について、同様に、

それ衆生《しゅじょう》あつて、かの国《くに》に生《うま》れんとするものは、みなことごとく正定《しょうじょう》の聚《じゅ》に住《じゅう》す。
（『註釈版聖典』六八〇頁）

と、通常「かの国に生るるものは」と読むべきところを、「生れんとするものは」と読むことで正定聚は現生で信心をえた時にえる利益であると示され、

広門示現相

第十一願についても、

「たとひわれ仏《ぶつ》を得《え》たらんに、国《くに》のうちの人天《にんでん》、定聚《じょうじゅ》にも住《じゅう》して、かならず滅度《めつど》に至《いた》らずは、仏《ぶつ》に成《な》らじ」と誓《ちか》ひたまへるこころなり。

（『註釈版聖典』六七九頁）

と、助詞「も」を添えることで、この願が彼土正定聚を誓われた願ではなく、必ず滅度に至ることに願の中心があることを示されている。

親鸞聖人は、『一念多念文意』に天親菩薩の『浄土論』の文を「もしひと、ひとへにかの国《くに》の清浄安楽《しょうじょうあんらく》なるを聞《き》きて、剋念《こくねん》して生《うま》れんと願《ねが》ふひとと、またすでに往生《おうじょう》を得《え》たるひとも、すなはち正定聚《しょうじょうじゅ》に入《い》るなり」（『註釈版聖典』六八一頁）と釈される。つまり、「剋念して生れんと願ふひと（現生に信心を得た人）」と「すでに往生を得たるひと」との両者ともに正定聚であると示しておられるのである。

ところで、前者は親鸞聖人の教えである現生正定聚を示したものであるが、後者はどのように理解すればよいのであろうか。『浄土論』には、浄土のあり方を国土のあり方、阿弥陀仏のあり方、菩薩のあり方の三種（広）に分けるが、曇鸞大師はそのすべてが真実智慧無為法身という仏のさとりそのもの（略）が展開したすがたであると釈される。言い換えれば浄土における正定聚の菩薩（広）の本質は仏のさとりそのもの（略）であるということになり、これを広門示現相《こうもんじげんそう》というのである。親鸞聖人において、現生正定聚と浄土での正定聚との二つの説示があるが、結局、信心の行者は現生において正定聚に住するという利益をめぐまれることを親鸞聖人の教えの大きな特徴とみることができる。

このように、従来は彼土における益と考えられていた正定聚を、親鸞聖人が現生において如来回向の信心を得て往生が決定した者の益とされたのは、二つの理由があると思われる。正定聚とは「さとりに向かって退転しない」ということであるから、第一には如来回向の信心を得た者がさとりをえるのに必要なすべての徳を持つということであり、第二には退転しないということである。

第一の理由は、「三心一心釈」に明らかなように、如来回向の信心は不可思議の仏智そのものであるから、凡夫でありながらさとりをえるのに必要なすべての徳を持つためである。『入出二門偈頌』に、

煩悩《ぼんのう》を具足《ぐそく》せる凡夫人《ぼんぶにん》、仏願力《ぶつがんりき》によりて信《しん》を獲得《ぎゃくとく》す。この人《ひと》はすなはち凡数《ぼんじゅ》の摂《しょう》にあらず、これは人中《にんちゅう》の分陀利華《ふんだりけ》なり。

（『註釈版聖典』五五〇頁）

と述べられているのは、信心の徳義から凡夫の数に入らないといわれているのである。

第二の理由は、「御消息」に、「真実信心《しんじつしんじん》の行人《ぎょうにん》は、摂取不捨《せっしゅふしゃ》のゆゑに正定聚《しょうじょうじゅ》の位《くらい》に住《じゅう》す」（『註釈版聖典』七三五頁）と述べられているように、現生において如来の摂取不捨のはたらきの中にあるからである。「摂取不捨」とは『仏説観無量寿経』真身観に出る言葉であり、『浄土和讃』「弥陀経讃」には、

十方微塵世界《じっぽうみじんせかい》の　念仏《ねんぶつ》の衆生《しゅじょう》をみそなはし
摂取《せっしゅ》してすてざれば　阿弥陀《あみだ》となづけたてまつる

（『註釈版聖典』五七一頁）

とあって、阿弥陀仏という如来の本質を摂取不捨にみられ、「摂取してすてざれば」の左訓に「ひとたびとりて永く捨てぬなり。摂はものの逃ぐるを追はへ取るなり」（同前）とその意味が付されている。衆生は、自力の心にとらわれて阿弥陀仏の本願に背を向けているのであるが、阿弥陀仏は、そのような凡夫に他力念仏を与えて自力の心を他力の心に転換し、その光の中に摂め取って捨てないのである。逃げるものを追いかけてとらえるということは、一旦とらえたならば決して逃がさないということであり、とらえられた衆生からすると、もはや逃げることのできない身となったということである。『歎異抄』に、

久遠劫《くおんごう》よりいままで流転《るてん》せる苦悩《くのう》の旧里《きゅうり》はすてがたく、いまだ生《うま》れざる

真仏弟子

安養《あんにょう》浄土《じょうど》はこひしからず候《そうろ》ふこと、まことによくよく煩悩《ぼんのう》の興盛《こうじょう》に候《そうろ》ふにこそ。なごりをしくおもへども、娑婆《しゃば》の縁《えん》尽《つ》きて、ちからなくしてをはるときに、かの土《ど》へはまゐるべきなり。

（『註釈版聖典』八三七頁）

といわれるように、いくらこの娑婆における生を捨てがたく思っても、すでに阿弥陀仏の光の中に摂め取られているので、そのまま浄土に生まれさせられる。すなわち、自力の仏道のように行者自身が高い境地に至ったから不退転なのではなく、阿弥陀仏の摂取不捨のはたらきによって不退転なのである。

他力の信心をいただいた念仏者は現生において正定聚の利益をえるのであるが、このように現生で正定聚に住する者を、親鸞聖人は「真仏弟子」と讃えられる。すなわち、「信文類」の「真仏弟子」釈では、まず「真」の字について、

真《しん》の言《ごん》は偽《ぎ》に対《たい》し仮《け》に対《たい》するなり。

（『註釈版聖典』二五六頁）

と示し、「仮」・「偽」については、

仮《け》といふは、すなはちこれ聖道《しょうどう》の諸機《しょき》、浄土《じょうど》の定散《じょうさん》の機《き》なり。……偽《ぎ》といふは、すなはち六十二見《ろくじゅうにけん》・九十五種《くじゅうごしゅ》の邪道《じゃどう》これなり。

（『註釈版聖典』二六五頁）

と示されている。聖道門を含めて浄土門内の要門、つまり自力諸行往生の法門と、真門、つまり自力念仏の法門を方便仮門とし、仏教の道理に背く仏教以外の宗教を邪偽の法とされるのである（第三章第一節第三項参照）。「弟子」の語については、

弟子《でし》とは釈迦《しゃか》・諸仏《しょぶつ》の弟子《でし》なり

（『註釈版聖典』二五六頁）

と言われている。釈尊は弥陀法を説かれる教主であり諸仏も釈尊と同様であるから、釈迦諸仏を師とし、その教えに随うものを弟子というのである。つ

まり「真仏弟子」とは、一切の衆生を成仏させたいという仏の本意にかなった存在、すなわち当来には必ず成仏が約束された正定聚の人のことであり、他力の信心を獲得したものである。それを、

金剛心《こんごうしん》の行人《ぎょうにん》なり。この信行《しんぎょう》によりてかならず大涅槃《だいねはん》を超証《ちょうしょう》すべきがゆゑに、真《しん》の仏弟子《ぶつでし》といふ。（同前）

と讃えられているのである。

第二項　弥勒と同じ・如来とひとし

また親鸞聖人は「信文類」の「便同弥勒釈」で、王日休《おうにっきゅう》の『龍舒浄土文《りゅうじょじょうどもん》』に、「一念往生《いちねんおうじょう》、便《すなわ》ち弥勒《みろく》に同《おな》じ」（『註釈版聖典』二六三頁）とあることを承け、

まことに知《し》んぬ、弥勒大士《みろくだいじ》は等覚《とうがく》の金剛心《こんごうしん》を窮《きわ》むるがゆゑに、竜華三会《りゅうげさんね》

の暁《あかつき》、まさに無上覚位《むじょうかくい》を極《きわ》むべし。念仏《ねんぶつ》の衆生《しゅじょう》は横超《おうちょう》の金剛心《こんごうしん》を窮《きわ》むるがゆゑに、臨終一念《りんじゅういちねん》の夕《ゆうべ》、大般涅槃《だいはつねはん》を超証《ちょうしょう》す。ゆゑに便同《べんどう》といふなり。

（『註釈版聖典』二六四頁）

と述べられている。仏教の目的は成仏道の成就であり、そのためには金剛心を完成しなければならない。弥勒菩薩は、さとりの一歩手前であり、等覚という菩薩の最高位の金剛心をえているから、釈尊滅後五十六億七千万年後に兜率天《とそつてん》の命を終えてこの娑婆世界においてさとりを開き、竜華樹の下で大衆を前に説法するという。それに対して念仏の衆生は、他力の信心である金剛心をえているから、この世の命を終えて浄土において直ちにこの上ないさとりを開くことができるというのである。よって念仏者も弥勒菩薩も次生にさとりを開くという点において同じであり、念仏者は「弥勒に同じ」と讃えられるのである。そして、『正像末和讃』に、

五十六億七千万《ごじゅうろくおくしちせんまん》　弥勒菩薩《みろくぼさつ》はとしをへん

まことの信心《しんじん》うるひとは　このたびさとりをひらくべし

（『註釈版聖典』六〇四頁）

とあることからも分かるように、親鸞聖人には、弥勒菩薩はさとりを開くのに釈尊滅後五十六億七千万年かかるのに対し、念仏者はこの生涯を終えると直ちにさとりを開くことができると、弥勒菩薩と比べてもさらに念仏者は勝れていると讃える意図があったと思われる。

「弥勒に同じ」「弥勒と同じ」という表現とともに、「御消息」等には、念仏者を讃嘆して「如来とひとし」といった表現が見られる。「弥勒菩薩」の場合には「弥勒におなじ」「弥勒と同じ」「弥勒のごとく」「弥勒のくらゐとひとし」「弥勒とひとし」等の表現が用いられるのに対し、「如来」「仏」「諸仏」の場合は、「如来とひとし」「諸仏とひとし」「仏とひとし」「仏にひとし」といった表現が用いられていることに特徴がある。これらの表現の相違は、菩薩の最高位で次の生涯には仏に成ることが決まっている弥勒菩薩に対しては、「おなじ」という言葉も「ひとし」という言葉も用いられるが、「如来」「仏」「諸仏」

の場合は、必ず「ひとし」が用いられ、「おなじ」という言葉は用いられていないということである。このことは親鸞聖人が現生での利益である正定聚と、往生後の利益である成仏とを明確に区別する意図があったものと考えられる。これは、「御消息」に、

弥勒《みろく》はすでに仏《ぶつ》にちかくましませば、弥勒仏《みろくぶつ》と諸宗《しょしゅう》のならひは申《もう》すなり。しかれば、弥勒《みろく》におなじ位《くらい》なれば、正定聚《しょうじょうじゅ》の人《にん》は如来《にょらい》とひとしとも申《もう》すなり。浄土《じょうど》の真実信心《しんじつしんじん》の人《ひと》は、この身《み》こそあさましき不浄造悪《ふじょうぞうあく》の身《み》なれども、心《こころ》はすでに如来《にょらい》とひとしければ、如来《にょらい》とひとしと申《もう》すこともあるべしとしらせたまへ。

（『親鸞聖人御消息』第十一通、『註釈版聖典』七五八頁）

まことの信心《しんじん》をえたる人《ひと》は、すでに仏《ぶつ》に成《な》らせたまふべき御身《おんみ》となりておはしますゆゑに、「如来《にょらい》とひとしき人《ひと》」と『経《きょう》』（華厳経・入法界品）に説《と》かれ候《そうろ》ふなり。弥勒《みろく》はいまだ仏《ぶつ》に成《な》りたまはねども、このたびかなら

分陀利華

ずかならず仏《ぶつ》に成《な》りたまふべきによりて、弥勒《みろく》をばすでに弥勒仏《みろくぶつ》と申《もう》し候《そうろ》ふなり。その定《じょう》に、真実信心《しんじつしんじん》をえたる人《ひと》をば、如来《にょらい》とひとしと仰《おお》せられて候《そうろ》ふなり。　（『親鸞聖人御消息』第三二通、『註釈版聖典』七九四頁）

と述べられ、「弥勒はすでに仏にちかくましませば」、「弥勒はいまだ仏に成りたまはねども」と、成仏決定の弥勒が未成仏ではあるが先取りして弥勒仏といわれ、念仏者はその弥勒と同じであるから「如来とひとし」といわれていることからも、未成仏の正定聚は現生この世界において、成仏は来生浄土においてと区別されているのは明らかである。

「弥勒と同じ」「如来とひとし」は、いずれも念仏者に対する最大級の讃辞であるが、親鸞聖人は、その他にもさまざまな言葉を使って念仏者を讃えておられる。「正信偈」には、

一切善悪《いっさいぜんあく》の凡夫人《ぼんぶにん》、如来《にょらい》の弘誓願《ぐぜいがん》を聞信《もんしん》すれば、仏《ぶつ》、広大勝解《こうだいしょうげ》のひととのたまへり。この人《ひと》を分陀利華《ふんだりけ》と名《な》づく。　（『註釈版聖典』二〇四頁）

とあって、善人も悪人も、どのような凡夫であっても、阿弥陀仏の本願を信じれば、仏はこの人をすぐれた智慧を得たものであると讃え、泥の中に咲きながらも汚れのない白い蓮の花（分陀利華）のような人とほめ讃えられる、と述べられている。また「信文類」の「真仏弟子釈」にも、「分陀利華」という言葉が出てくる『仏説観無量寿経』の、

もし念仏《ねんぶつ》するものは、まさに知《し》るべし、この人《ひと》はこれ人中《にんちゅう》の分陀利華《ふんだりけ》なり。

（『註釈版聖典』一一七頁）

の文を引いて、念仏者を分陀利華と讃える拠り所の文を示し、さらに「散善義」の、

もし念仏《ねんぶつ》するものは、すなはちこれ人中《にんちゅう》の好人《こうにん》なり、人中《にんちゅう》の妙好人《みょうこうにん》なり、人中《にんちゅう》の上上人《じょうじょうにん》なり、人中《にんちゅう》の希有人《けうにん》なり、人中《にんちゅう》の最勝人《さいしょうにん》なり。

（『註釈版聖典七祖篇』四九九頁）

の文を引いて、念仏者がきわめてまれな尊い人であるから、清らかな白い蓮の花である分陀利華にたとえられることを明かされている。ちなみに、篤信の念仏者を「妙好人」と讃えるのは、この文を拠り所としている。

また『浄土和讃』には、

染香人《ぜんこうにん》のその身《み》には　香気《こうけ》あるがごとくなり
これをすなはちなづけてぞ　香光荘厳《こうこうしょうごん》とまうすなる

（『註釈版聖典』五七七頁）

と念仏者を讃えている。香に染まった人は常に香《かぐわ》しい香りを漂わせているように、念仏者はいつも仏の香しい智慧の光でかざられているから、香光荘厳の人というのである、と讃えられている。

第三項　現生正定聚の事態

よろこびと悲しみ

「信文類」には、

まことに知《し》んぬ、悲《かな》しきかな愚禿鸞《ぐとくらん》、愛欲《あいよく》の広海《こうかい》に沈没《ちんもつ》し、名利《みょうり》の太山《たいせん》に迷惑《めいわく》して、定聚《じょうじゅ》の数《かず》に入《い》ることを喜《よろこ》ばず、真証《しんしょう》の証《さとり》に近《ちか》づくことを快《たの》しまざることを、恥《は》づべし傷《いた》むべしと。（『註釈版聖典』二六六頁）

と、親鸞聖人自身が、真実信心をえても煩悩の中にあり、正定聚の利益を喜ぶことができず、さとりに近づくことを楽しいとも思うことができないと、自らの姿を悲歎されている。しかし、この親鸞聖人の言葉は単なる悲歎ではない。『歎異抄』第九条には、

よくよく案《あん》じみれば、天《てん》にをどり地《ち》にをどるほどによろこぶべきことをよろこばぬにて、いよいよ往生《おうじょう》は一定《いちじょう》とおもひたまふなり。よろこぶ

べきこころをおさへてよろこばざるは、煩悩《ぼんのう》の所為《しょい》なり。しかるに仏《ぶつ》かねてしろしめして、煩悩具足《ぼんのうぐそく》の凡夫《ぼんぶ》と仰《おお》せられたることなれば、他力《たりき》の悲願《ひがん》はかくのごとし、われらがためなりけりとしられて、いよいよたのもしくおぼゆるなり。

（『註釈版聖典』八三六頁）

と、よろこぶべきことをよろこべない身であるからこそ、ますます救いは確かなのであると言われている。すなわち、この悲歎は、煩悩にまみれた自らが阿弥陀仏のはたらきによって、現生ですでに正定聚の位に就《つ》けていただいていること、真実のさとりに近づけていただいていることに対する確信とも言えるのである。

親鸞聖人は『教行信証』「総序」に、

愚禿釈《ぐとくしゃく》の親鸞《しんらん》、慶《よろこ》ばしいかな、西蕃《せいばん》・月支《げっし》の聖典《しょうてん》、東夏《とうか》（中国）・日域《じちいき》（日本）の師釈《ししゃく》に、遇《あ》ひがたくしていま遇《あ》ふことを得《え》たり、聞《き》きがたくしてすでに聞《き》くことを得《え》たり。

（『註釈版聖典』一三二頁）

といわれ、また「化身土文類」に、

慶《よろこ》ばしいかな、心《こころ》を弘誓《ぐぜい》の仏地《ぶつじ》に樹《た》て、念《おもい》を難思《なんじ》の法海《ほうかい》に流《なが》す。深《ふか》く如《にょ》来《らい》の矜哀《こうあい》を知《し》りて、まことに師教《しきょう》の恩厚《おんこう》を仰《あお》ぐ。慶喜《きょうき》いよいよ至《いた》り、至《し》孝《こう》いよいよ重《おも》し。

（『註釈版聖典』四七三頁）

とよろこびを述べておられる。このよろこびと先の悲しみとは、あるときにはよろこび、あるときには悲しむということではなく、「信文類」の「悲しきかな」は、間違いなく救われるというよろこびがありながら、よろこぶべき事態の大きさに比べれば、自身のよろこびは不十分でしかないとの悲しみであり、よろこびがそのまま悲しみであり、悲しみがそのままよろこびなのである。『正像末和讃』「悲歎述懐讃」においても、

無慚無愧《むざんむぎ》のこの身《み》にて　まことのこころはなけれども
弥陀《みだ》の回向《えこう》の御名《みな》なれば　功徳《くどく》は十方《じっぽう》にみちたまふ

（『註釈版聖典』六一七頁）

と、「信文類」の文と同様に自らの姿を悲歎されているが、われわれ凡夫には真実心はないとの悲歎がそのまま阿弥陀仏の真実から回向される功徳が広大であると、摂取されていることの喜びとなっているのは、二種深信のあじわいに他ならない。

このように正定聚の事態とは、阿弥陀仏のはたらきによって明らかにされた煩悩にまみれ自らのありのままの姿を悲しみ、ありのままの私がそのまま阿弥陀仏によって摂取されていると喜ぶものなのである。私たちのありのままの姿を照らし出す光は、そのまま私たちを摂め取ってすてない光である。

同じく「悲歎述懐讃」には、

小慈小悲《しょうじしょうひ》もなき身《み》にて　有情利益《うじょうりやく》はおもふまじ
如来《にょらい》の願船《がんせん》いまさずは　苦海《くかい》をいかでかわたるべき

（『註釈版聖典』六一七頁）

と詠われているが、有情を利益するという菩薩の道を歩むことができないことを「小慈小悲もなき身にて」と悲歎されているのも、一方で如来の願船に乗じて苦海を渡り、有情を利益する存在となることができるという確信があるからこそであり、自らの姿を悲歎するとともに、そのような身でありながら阿弥陀仏の摂取のなかにあることを喜ばれているのである。

このように、現生において正定聚に住する利益を受けるということは、本願のはたらきの中に自己のありようを知らされることである。そして『一念多念文意』に、

「凡夫《ぼんぶ》」といふは、無明煩悩《むみょうぼんのう》われらが身《み》にみちみちて、欲《よく》もおほく、いかり、はらだち、そねみ、ねたむこころおほくひまなくして、臨終《りんじゅう》の一念《いちねん》にいたるまで、とどまらず、きえず、たえず……（『註釈版聖典』六九三頁）

とあるように、煩悩にまみれた凡夫は、摂取不捨の利益にあずかろうとも、今の命が終わるまさにその時まで煩悩が無くなることはない。すなわち現生

において正定聚に住したからといって、煩悩具足の自己のありようが変わるということではなく、『浄土和讃』に、

如来《にょらい》すなはち涅槃《ねはん》なり　涅槃《ねはん》を仏性《ぶっしょう》となづけたり
凡地《ぼんじ》にしてはさとられず　安養《あんにょう》にいたりて証《しょう》すべし

（『註釈版聖典』五七三頁）

とあるように、煩悩にまみれた凡夫のまま、現生にさとりを開くことはできず、浄土に往生してはじめてさとることができるのであって、正定聚に住することと涅槃のさとりをえることとを混同してはならない。『一念多念文意』には、

それ衆生《しゅじょう》あつて、かの国《くに》に生《うま》れんとするものは、みなことごとく正定《しょうじょう》の聚《じゅ》に住《じゅう》す。

（『註釈版聖典』六八〇頁）

とあるが、その「正定の聚」の左訓に「かならず仏になるべき身となれるなり」とあり、また同じく『一念多念文意』の「正定聚《しょうじょうじゅ》の位《くらい》に定《さだ》まるを〈不退《ふたい》転《てん》に住《じゅう》す〉とはのたまへるなり」（同前）の「不退転」の左訓には「仏《ほとけ》になるまでといふ」とある。親鸞聖人が「なるべき身」「なるまで」と示されているのは、成仏と正定聚とを明確に区別されているからであって、正定聚に住するということは、決して現生に成仏することを意味するものではない。同様の内容は『歎異抄』第十五条にも、

煩悩具足《ぼんのうぐそく》の身《み》をもつて、すでにさとりをひらくということ。この条《じょう》、もつてのほかのことに候《そうろ》ふ。

（『註釈版聖典』八四六頁）

と強く誡められている。いうまでもないことだが、正定聚に住するということと成仏するということとを混同しないということは、往生即成仏の義に照らしてみても、正定聚に住するということを現生に往生するという誤った義に理解をしないということでもある。そのような理解は往生という語義を無

視し、正定聚という利益の意味するところを無視するものに他ならない。

第四項　現生正定聚の根拠

正定聚を現生の利益としたのは親鸞聖人独自の理解であるが、それは親鸞聖人の独断ではなく、経典や論釈の上にその根拠を見いだすことができる。

まず、経典の上でいえば『仏説無量寿経』には、

もし衆生《しゅじょう》ありて、この経《きょう》を聞《き》くものは、無上道《むじょうどう》においてつひに退転《たいてん》せず。

（『註釈版聖典』八一頁）

とあって、経法を聞いた時点において不退転の徳が説かれている。

また『仏説阿弥陀経』にも、

もし善男子《ぜんなんし》・善女人《ぜんにょにん》ありて、この諸仏《しょぶつ》の所説《しょせつ》の名《みな》および経《きょう》の名《な》を聞《き》かん

もの、このもろもろの善男子《ぜんなんし》・善女人《ぜんにょにん》、みな一切諸仏《いっさいしょぶつ》のためにともに護《ご》念《ねん》せられて、みな阿耨多羅《あのくたら》三藐《さんみゃく》三菩提《さんぼだい》を退転《たいてん》せざることを得《え》ん。

(『註釈版聖典』一二七頁)

とあり、やはり教法を聞いた時点において諸仏の護念と菩提からの不退転が説かれている。さらにはそれに続く文にも、

もし人《ひと》ありて、すでに発願《ほつがん》し、いま発願《ほつがん》し、まさに発願《ほつがん》して、阿弥陀仏《あみだぶつ》国《こく》に生《しょう》ぜんと欲《おも》はんものは、このもろもろの人等《ひとら》、みな阿耨多羅《あのくたら》三藐《さんみゃく》三菩提《さんぼだい》を退転《たいてん》せざることを得《え》て

(同前)

とあって、浄土を願生した時点において不退転が説かれており、「すでに発願し、いま発願し、まさに発願して」とあるのは、不退転の利益が発願時におけるものであることを強調するものであり、また、「もしはすでに生《うま》れ、もしはいま生《うま》れ、もしはまさに生《うま》れん」(同前)と、すでに生まれたもの、今生ま

れるものとともに、これから生まれるものが並べ挙げられていることは、現生の不退転を示すものであるといえよう。

論釈の上では龍樹菩薩の『十住毘婆沙論』「易行品」（「行文類」引用）に、

人《ひと》よくこの仏《ぶつ》の無量《むりょう》力功徳《りきくどく》を念《ねん》ずれば、即《そく》の時《とき》に必定《ひつじょう》に入る。

（『註釈版聖典』一五三頁）

とあり、「即の時に必定に入る」とは、信をえて念仏するものがただちに不退転の位に至ることを示しているのである。これらの文を現生正定聚の根拠としてあげることができよう。

正定聚と成仏

このように、如来回向の信心をえた念仏の行者が現生において正定聚に住することは、如来が衆生を利益するはたらきそのものであり、本願成就の名号に具わる徳義に他ならない。『浄土文類聚鈔』には、「万行円備《まんぎょうえんび》の嘉号《かごう》」（『註釈版聖典』四七七頁）とあり、法然聖人も『選択集』本願章において、名号を「万徳《まんどく》の帰《き》するところ」（『註釈版聖典七祖篇』一二〇七頁）と示されているが、「万行」も「万徳」も衆生を往生成仏せしめるすべての行・功徳ということであって、それは名号そのものに具わることが説かれているのである。すなわち、「万行円備の嘉号」「万徳の帰するところ」とあるのは、仏果を開くべき勝れた徳をまどかにそなえた名号であり、それを領受したのが信心であるから、信心をいただいたその時に往生成仏する因が成就することとなる。つまり、万徳を具えた名号を領受したそのときに、現生において正定聚の位に就くのである。

第五項　臨終と平生

現生に正定聚の位に就くということは、平生に往生の因が決定するということであるから、臨終に阿弥陀仏の来迎を待つ必要はない。自力往生においては臨終に正しく心が浄土に向けられなければならず、臨終に至っての肉体的な苦しみ等による妄念から心を護るために仏の来迎が期待される。このような自力往生における臨終来迎に対して平生業成《へいぜいごうじょう》を示されたのは覚如上人であり、またそれは蓮如上人の『御文章』による伝道において浄土真宗の宗義として確立されることになるが、親鸞聖人も「御消息」に、

来迎《らいこう》は諸行往生《しょぎょうおうじょう》にあり、自力《じりき》の行者《ぎょうじゃ》なるがゆゑに。臨終《りんじゅう》といふことは、諸行往生《しょぎょうおうじょう》のひとにいふべし、いまだ真実《しんじつ》の信心《しんじん》をえざるがゆゑなり。また十悪《じゅうあく》・五逆《ごぎゃく》の罪人《ざいにん》のはじめて善知識《ぜんぢしき》にあうて、すすめらるるときにいふことなり。真実信心《しんじつしんじん》の行人《ぎょうにん》は、摂取不捨《せっしゅふしゃ》のゆゑに正定聚《しょうじょうじゅ》の位《くらい》に住《じゅう》す。このゆゑに臨終《りんじゅう》まつことなし、来迎《らいこう》たのむことなし。信心《しんじん》の定《さだ》まるとき往生《おうじょう》また定《さだ》まるなり。来迎《らいこう》の儀則《ぎそく》をまたず。（『註釈版聖典』七三五頁）

といわれ、真実信心をえた人は阿弥陀仏のはたらきによってすでに正定聚の位に定まっているから、臨終を待つ必要もなければ来迎をたよりにする必要もないと示されている。また、『尊号真像銘文』には、

「願力摂得往生《がんりきしょうとくおうじょう》」といふは、大願業力摂取《だいがんごうりきせっしゅ》して往生《おうじょう》を得《え》しむといへるこ

ころなり。すでに尋常《じんじょう》のとき信楽《しんぎょう》をえたる人《ひと》といふなり、臨終《りんじゅう》のときはじめて信楽決定《しんぎょうけつじょう》して摂取《せっしゅ》にあづかるものにはあらず。ひごろ、かの心光《しんこう》に摂護《しょうご》せられまゐらせたるゆゑに、金剛心《こんごうしん》をえたる人《ひと》は正定聚《しょうじょうじゅ》に住《じゅう》するゆゑに、臨終《りんじゅう》のときにあらず。かねて尋常《じんじょう》のときよりつねに摂《しょう》護《ご》して捨《す》てたまはざれば、摂得往生《しょうとくおうじょう》と申《もう》すなり。(『註釈版聖典』六五七頁)

とあって、尋常に摂取不捨のはたらきを受けていることが示されている。ここでいう「尋常」とは「平生」のことであり、真実信心をえている人は、正定聚の位に定まっているのであり、平生の時から阿弥陀仏が常に摂め護ってくださっているから、臨終を問題にすることはないといわれるのである。

平生業成、すなわち平生において往生の業が成就しているということは、現生正定聚、すなわち現生において正定聚に住しているということと同趣旨であるが、すでにみてきたとおり、平生業成は臨終来迎に対して述べられるものであり、現生正定聚は来生浄土における正定聚に対して述べられるものであって、両者の意義には相違がみられる。

第二節　当来の利益

第一項　往生即成仏

現生の利益である正定聚は、間違いなくさとりに至る身となり、もはやさとりから退転しないということであった。「証文類」に、

煩悩成就《ぼんのうじょうじゅ》の凡夫《ぼんぶ》、生死《しょうじ》罪濁《ざいじょく》の群萌《ぐんもう》、往相回向《おうそうえこう》の心行《しんぎょう》を獲《う》れば、即《そく》の時《とき》に大乗正定聚《だいじょうしょうじょうじゅ》の数《かず》に入《い》るなり。正定聚《しょうじょうじゅ》に住《じゅう》するがゆゑに、かならず滅度《めつど》に至《いた》る。

（『註釈版聖典』三〇七頁）

と示されているのはその意味である。現生において正定聚に住するということは、未来浄土における生を受けた時、必ず滅度を証することができるということである。滅度とは「煩悩を滅し、迷界を度《わた》る」という意味であるから、さとりに至るということである。

それではこの滅度はどの時点で得られるのか。「信文類」の便同弥勒釈には、

念仏《ねんぶつ》の衆生《しゅじょう》は横超《おうちょう》の金剛心《こんごうしん》を窮《きわ》むるがゆゑに、臨終一念《りんじゅういちねん》の夕《ゆうべ》、大般涅《だいはつね》槃《はん》を超証《ちょうしょう》す。（『註釈版聖典』二六四頁）

といわれる。「臨終の一念」つまり、「この世の命を終えて」浄土に生まれ、たちまちにこの上ないさとりを開くというのである。つまり往生即成仏と示されている。

往生即成仏であるのは、先に示したとおり、如来回向の信心は不可思議の仏智そのものであるからであり、すでにさとりをえるべき徳を恵まれているものは、現生においては煩悩に縛られていても、さとりの世界である浄土に往生すれば、直ちに仏果に至る。「信文類」に、

大願清浄《だいがんしょうじょう》の報土《ほうど》には品位階次《ほんいかいじ》をいはず、一念須臾《いちねんしゅゆ》のあひだに、すみやかに疾《と》く無上正真道《むじょうしょうしんどう》を超証《ちょうしょう》す、ゆゑに横超《おうちょう》といふなり。

とあるのも、浄土に往生したその時にさとりにいたることを示している。

（『註釈版聖典』二五四頁）

第二項　往生の主体

往生の語義

往生が現生における事態ではないことについては先に述べたとおりであるが、「往生」という語の意味については、親鸞聖人が『尊号真像銘文』において、

「往生《おうじょう》」といふは、浄土《じょうど》に生《うま》るといふなり。

（『註釈版聖典』六五六頁）

と釈されているとおり、往生とは往生浄土を略したものである。また、本願文には「欲生我国（わが国《くに》に生《しょう》ぜんと欲《おも》ひて）」（『註釈版聖典』一八頁）とあり、また本願成就文にも「願生彼国（かの国《くに》に生《うま》れんと願《がん》ずれば）」（『註釈版聖典』

四一頁）とあるから、往生の意味は「捨此往彼（此を捨て彼に往く）」であることは明らかである。

　それでは何がかの国である浄土に往生するのであろうか。天親菩薩が著された『浄土論』の「願生偈」冒頭の四句は、「世尊我一心　帰命尽十方　無礙光如来　願生安楽国（世尊《せそん》、われ一心《しん》に尽《じん》十方《ぽう》無《む》礙《げ》光如来《こうにょらい》に帰命《きみょう》したてまつりて、安楽国《あんらくこく》に生《しょう》ぜんと願《がん》ず）」（『註釈版聖典七祖篇』二九頁）である。この偈文に出てくる「我」を明らかにすることが、そのまま往生の主体を明らかにすることになる。

　この「我」について、曇鸞大師は『往生論註』に、次のように述べている。

問《と》ひていはく、仏法《ぶっぽう》のなかには我《が》なし。このなかになにをもつてか我《が》と称《しょう》する。答《こた》へていはく、「我《が》」といふに三の根本《こんぽん》あり。一にはこれ邪見語《じゃけんご》、二にはこれ自大語《じだいご》、三にはこれ流布語《るふご》なり。いま「我《が》」といふは、天親《てんじん》菩薩《ぼさつ》の自指《じし》の言《ことば》にして、流布語《るふご》を用《もち》ゐる。邪見《じゃけん》と自大《じだい》とにはあらず。

（『註釈版聖典七祖篇』五二頁）

仮名人

曇鸞大師は、尽十方無礙光如来に帰命する「我」とは、「天親菩薩の自指の言にして」とあることから、この「我」とは天親菩薩自身を指し示しており、それは「流布語」であるといわれる。因果の道理を無視して自己を実体視し、それにとらわれる邪な見解を表す「邪見語」や、また自分が他よりすぐれていると思う慢心を表す「自大語」ではなく、世間一般に使われる語とか、日常語とかいった意味の「流布語」であるというのである。つまり、仏教では「諸法は空無我である」と説き、常住不変の実体を認めないが、そうした意味の「我」ではないということである。

仏教で諸法（すべての存在）が空無我であると説くのは、我とは「常一主宰」（常とは不変、一とは単独、主宰とは主となって宰《つかさど》る）のものであり、そうした固定的実体を認めないということである。仏教では諸法は五蘊、すなわち色（物質）・受（感受作用）・想（知覚表象作用）・行（受・想・識以外の心作用）・識（識別作用）が因縁によって仮に結びついた存在であると説き、人とは、仮に「人」と名づけたものであるとして、「仮名人《けみょうにん》」といわれる。よって往生とは、穢土の仮名人が浄土の仮名人になることであり、煩悩によって汚れた五蘊が仮に結びついた存在である我々が、臨終の一念に滅ぶと共に、阿弥陀仏のはたらきによって、煩悩の汚れのない五蘊の仮に結びついた存在である浄土の人として生まれるということである。穢土の仮名人は煩悩によって汚れた因縁から生じた果であり、浄土の仮名人は煩悩によって汚れていない因縁から生じた果という違いがあるから、全く同じとは言えないが、同一人の相続であるから全く別のものとも言えない。よって穢土の仮名人と浄土の仮名人の関係は不一不異（同じものでもなく、異なっているものでもない）であり、天親菩薩が往生ということを説かれるのは、この不一不異の道理に立つものである。

また天親菩薩が「願生安楽国」つまり「阿弥陀仏の浄土に生まれようと願う」と言われたことについて、曇鸞大師は、

因縁の義

願《がん》ずるところの生《しょう》は、これ因縁《いんねん》の義《ぎ》なり。因縁《いんねん》の義《ぎ》のゆゑに仮《かり》に生《しょう》と名《な》づく。凡夫《ぼんぶ》の、実《じつ》の衆生《しゅじょう》、実《じつ》の生死《しょうじ》ありと謂《おも》ふがごときにはあらず。

（『註釈版聖典七祖篇』五五頁）

と述べている。天親菩薩が「阿弥陀仏の浄土に生まれようと願う」と言われた意味は、因縁によって生じるという意味で言われたことであり、因縁によって生じるから仮に「生まれよう」と言ったのであり、凡夫が考えるような実体としての衆生が存在し、実体として生まれたり死んだりすることではない、と述べている。また往生の生について、まず、

無生の生

かの浄土《じょうど》はこれ阿弥陀如来《あみだにょらい》の清浄本願《しょうじょうほんがん》の無生《むしょう》の生《しょう》なり。三有《ぬ》虚妄《こもう》の生《しょう》のごときにはあらざることを明《あ》かすなり。なにをもつてこれをいふとならば、それ法性《ほっしょう》は清浄《しょうじょう》にして畢竟無生《ひっきょうむしょう》なり。

（『註釈版聖典七祖篇』一二三頁）

と、清浄なはたらきである阿弥陀如来の本願力によって建立された浄土への往生は、さとりの世界への生、つまり無生の生であって迷いの世界の生とは

違うといわれる。なぜなら、さとりの世界は清浄であり、不生不滅真実そのものの世界であるからであると述べながらも、続いて、

生《しょう》といふはこれ得生《とくしょう》のひとの情《こころ》なるのみ。（同前）

と、そうした浄土に「生まれる」という言葉が使われるのは、浄土に生まれようとする者の心情に従っただけであると述べられている。つまり、実体的な生ではないと示しながらも、「生まれる」と受けとめてゆく凡情は必ずしも否定されていない。

また、

問《と》ひていはく、上《かみ》に、生《しょう》は無生《むしょう》なりと知《し》るといふは、まさにこれ上品《じょうぼん》生《しょう》のものなるべし。もし下下品《げげぼん》の人《にん》の、十念《ねん》に乗《じょう》じて往生《おうじょう》するは、あに実《じつ》の生《しょう》を取《と》るにあらずや。ただ実《じつ》の生《しょう》を取《と》らば、すなはち二執《しゅう》に堕《だ》しなん。一には、おそらくは往生《おうじょう》を得《え》ざらん。二には、おそらくはさらに生《しょう》

ずとも惑《まど》ひを生《しょう》ぜん。

（『註釈版聖典七祖篇』一一五頁）

と、そもそも「無生の生」と知ることができるのは、上品生の者、つまりすでに高い境地に至っている者であり、下品生の者、つまり低い境地にいる者は「無生の生」を知らず、実体的な生にとらわれているのであるから往生できないのではないか、もし往生できても結局迷いを生じるのではないか、との問いをおこし、

答《こた》ふ。たとへば浄摩尼珠《じょうまにしゅ》を、これを濁水《じょくすい》に置《お》けば、水《みず》すなはち清浄《しょうじょう》なるがごとし。もし人《ひと》、無量生死《むりょうしょうじ》の罪濁《ざいじょく》にありといへども、かの阿弥陀《あみだ》如来《にょらい》の至極無生清浄《しごくむしょうしょうじょう》の宝珠《ほうしゅ》の名号《みょうごう》を聞《き》きて、これを濁心《じょくしん》に投《な》ぐれば、念々《ねんねん》のうちに罪滅《つみめっ》して心浄《しんきよ》まり、すなはち往生《おうじょう》を得《う》。またこれ摩尼珠《まにしゅ》を玄黄《げんおう》の幣《きぬ》をもつて裹《つつ》みて、これを水《みず》に投《な》ぐれば、水《みず》すなはち玄黄《げんおう》にしてもつぱら物《もの》の色《いろ》のごとくなり。かの清浄仏土《しょうじょうぶつど》に阿弥陀如来《あみだにょらい》無上《むじょう》の宝《ほう》珠《しゅ》ましまず。無量《むりょう》の荘厳功徳成就《しょうごんくどくじょうじゅ》の帛《きぬ》をもつて裹《つつ》みて、これを往生《おうじょう》す

るところのひとの心水《しんすい》に投《な》ぐれば、あに生見《しょうけん》を転《てん》じて無生《むしょう》の智《ち》となすことあたはざらんや。また氷《こおり》の上《うえ》に火《ひ》を燃《た》くに、火猛《ひたけ》ければすなはち氷解《こおりと》く。氷解《こおりと》くればすなはち火滅《ひめっ》するがごとし。かの下品《げぼん》の人《にん》、法性無生《ほっしょうむしょう》を知《し》らずといへども、ただ仏名《ぶつみょう》を称《しょう》する力《ちから》をもつて往生《おうじょう》の意《こころ》をなして、かの土《ど》に生《しょう》ぜんと願《がん》ずるに、かの土《ど》はこれ無生《むしょう》の界《さかい》なれば、見生《けんしょう》の火《ひ》、自然《じねん》に滅《めっ》するなり。

（『註釈版聖典七祖篇』一二六頁）

と譬喩を示して、実体的な生にとらわれている下品生の人も、名号の力によって往生することができ、浄土はさとりの世界であるから、往生して後に迷いを生じることはないと答え、実体的な生にとらわれて「生まれる」と受けとめている凡情の者の往生が肯定されていることに留意するべきである。往生の主体ということでいえば、今を生きる私は穢土の仮名人であるが、凡情からすれば「私が生きている」としかいいようがなく、浄土に往生する私は浄土の仮名人として往生するのであるが、やはり凡情からすれば「私が往生する」としかいいようがないのである。

第三項　還相の活動

念仏者は本願力の回向によって、現生で正定聚に住し、来生（未来の生）には必ず滅度を証する。滅度とは、煩悩を滅し尽くした寂静無為のさとりであるが、それはすべてが静止したような状態を意味しているのではない。特に大乗における仏陀のさとりとは、自利利他の完成であり、他者へのはたらきがないのであれば、それを大乗のさとりとはいわない。「御消息」に「浄土《じょうど》真宗《しんしゅう》は大乗《だいじょう》のなかの至極《しごく》なり」（『註釈版聖典』七三七頁）と示されているように、浄土真宗こそ大乗の中の究極の教えと示されるのは、自分一人が寂静無為のさとりに至るだけではなく、すべての人を自在に寂静無為のさとりへ導く利他活動ができる身となるからである。この利他の活動については「証文類」の還相回向釈に説かれていて、

二《ふた》つに還相《げんそう》の回向《えこう》といふは、すなはちこれ利他教化地《りたきょうけじ》の益《やく》なり。すなはちこれ必至補処《ひっしふしょ》の願《がん》（第二十二願）より出《い》でたり。また一生補処《いっしょうふしょ》の願《がん》と

名づく。また還相回向《げんそうえこう》の願《がん》と名《な》づくべきなり。（『註釈版聖典』三一三頁）

と釈された後、『浄土論』の出第五門や、『往生論註』の還相についての釈が引用される。還相回向釈は、その『往生論註』の引用がほとんどを占め、「証文類」全体の三分の二以上に及ぶ。それは、浄土に往生するもののさとりとは、還相すなわち利他教化のはたらきそのものだからである。

「利他教化地」とは、浄土に往生した者が滅度を証して後、穢土に還り来って、衆生を思いのままに教え導くはたらきをする位のことである。つまり還相の回向というのは、思いのままに衆生を教え導くという真実の証にそなわるはたらきを、本願力によって恵まれることを言う。還相の回向については必至補処の願、つまり第二十二願に誓われていて、この第二十二願を「一生補処」あるいは「還相回向」を誓われた願と見られている。第二十二願は以下の通りである。

たとひわれ仏《ぶつ》を得《え》たらんに、他方仏土《たほうぶつど》のもろもろの菩薩衆《ぼさつしゅ》、わが国《くに》に来《らい》生《しょう》して、究竟《くきょう》してかならず一生補処《いっしょうふしょ》に至《いた》らん。その本願《ほんがん》の自在《じざい》の所化《しょけ》、

一生補処

衆生《しゅじょう》のためのゆゑに、弘誓《ぐぜい》の鎧《よろい》を被《き》て、徳本《とくほん》を積累《しゃくるい》し、一切《いっさい》を度脱《どだつ》せしめ、諸仏《しょぶつ》の国《くに》に遊《あそ》びて、菩薩《ぼさつ》の行《ぎょう》を修《しゅ》し、十方《じっぽう》の諸仏如来《しょぶつにょらい》を供養《くよう》し、恒沙《ごうじゃ》無量《むりょう》の衆生《しゅじょう》を開化《かいけ》して無上正真《むじょうしょうしん》の道《どう》を立《りゅう》せしめんをば除《のぞ》く。常倫《じょうりん》に超出《ちょうしゅつ》し、諸地《しょじ》の行現前《ぎょうげんぜん》し、普賢《ふげん》の徳《とく》を修習《しゅじゅう》せん。もししからずは、正覚《しょうがく》を取《と》らじ。

（『註釈版聖典』三一六頁）

この願には二つの内容が誓われている。その一つは、「他方仏土のもろもろの菩薩衆、わが国に来生して、究竟してかならず一生補処に至らん」とあるとおり、他方の仏国土より往生してきたものは、必ず一生補処の菩薩の位に至らせようと誓われている。「補処」とはその世界の仏が入滅したとき、仏の欠けたところを補って仏となるべき菩薩の位であり、「一生補処」とは、菩薩という因の位にあるのはこの生涯（一生）のみで、次の生においては欠けた仏処を補って仏に成る菩薩の地位を意味する。つまり浄土に往生したものは直ちに阿弥陀仏と同じさとりを開き、内に仏のさとりを開くが外には因の位に還って、一生補処の菩薩すなわち最上位の菩薩のすがたをとって活動することが誓われている。

これは、「証文類」に引用される『仏説無量寿経』の文、

かの仏国土《ぶっこくど》は、清浄安穏《しょうじょうあんのん》にして微妙快楽《みみょうけらく》なり。無為泥洹《むいないおん》の道《どう》に次《ちか》し。それもろもろの声聞《しょうもん》・菩薩《ぼさつ》・天《てん》・人《にん》、智慧高明《ちえこうみょう》にして、神通洞達《じんずうどうだつ》せり。ことごとく同《おな》じく一類《いちるい》にして、形異状《かたちいじょう》なし。ただ余方《よほう》に因順《いんじゅん》するがゆゑに、人天《にんでん》の名《な》あり。顔貌端正《げんみょうたんじょう》にして世《よ》に超《こ》えて希有《けう》なり。容色微妙《ようしきみみょう》にして、天《てん》にあらず人《にん》にあらず。みな自然虚無《じねんこむ》の身《しん》、無極《むごく》の体《たい》を受《う》けたるなり。

（『註釈版聖典』三〇八頁）

にその意をみることができる。すなわち、浄土がさとりの世界であることを述べ、浄土の人・天は他の世界に順じて名があるのみで、実は人でもなく天でもないので、浄土には「智慧高明」であり、「神通洞達」し「顔貌端正」であって「世に超えて希有」な「容色微妙」の菩薩の一類のみがおられるのであり、その菩薩は「自然虚無の身、無極の体」という仏のさとりを受けて

従果還因の相

いると説かれている。

二つには、「その本願の自在の所化、衆生のためのゆゑに、弘誓の鎧を被て、徳本を積累し、一切を度脱せしめ、諸仏の国に遊びて、菩薩の行を修し、十方の諸仏如来を供養し、恒沙無量の衆生を開化して無上正真の道を立せしめんをば除く」の箇所で、ここではそれぞれの希望によって、自由自在に人々を導くため、かたい決意に身を包んで、多くの功徳を積み、すべてのものを救い、仏がたの国に行って菩薩の行を修め、すべての世界の仏がたを供養し、数限りない人々を導いてこの上ないさとりをえさせることも自由にできる、ということが誓われている。これは従果還因《じゅうかげんいん》（仏果を得ながらも因位の菩薩に還るということ）の相を示した還相の菩薩が阿弥陀仏の浄土以外の衆生を救い取ることを誓うものである。

このように、浄土に往生したものが菩薩として穢土に還り来って衆生を救うはたらき、すなわち還相のはたらきをすることは、『浄土論』に説かれる浄土の菩薩のあり方を示す四種の功徳に明らかである。その四種の功徳とは、

①不動而至《ふどうにし》の徳《とく》
三昧力によって、身を浄土に置いたままで、十方世界に至り諸仏を供養し衆生を教化する。
②一念遍至《いちねんへんし》の徳《とく》
一念同時に十方世界に至り衆生を利益する。
③無相供養《むそうくよう》の徳《とく》
一切世界の諸仏の会座にあますところなくあらわれて、すべての諸仏を供養し讃嘆する。
④示法如仏《じほうにょぶつ》の徳《とく》
無仏の世界に出現して仏法僧の三宝を称讃し住持する。

の四種であるが、もとより『浄土論』の菩薩荘厳功徳は浄土の荘厳相に他ならず、身土不二であることを考えれば、仏のはたらきを菩薩のすがたであらわしていることがわかる。すなわち、浄土の菩薩は先に述べたように広門示現の菩薩なのである。願文の最後に「常倫に超出し、諸地の行現前し、普賢の徳を修習せん」とあるのは、前の二つの内容、つまり浄土の往生人は直ちにさとりを開きながら、因の位に還ったすがた、すなわち一生補処の菩薩のすがたを取り、その菩薩が阿弥陀仏の浄土以外の衆生を救い取るすがたをまとめたものである。

「常倫に超出し、諸地の行現前し」とは、浄土で一生補処の位に就いた従果還因の菩薩は、通常に超えすぐれて心のままに何ものにも障礙されることなく衆生を救うはたらきができる徳のすべてをそなえていること、「普賢の徳を修習せん」とは、その菩薩は大いなる慈悲の行を実践できることを示している。「普賢」とは、清涼大師澄観の『華厳経疏』に、「普」とは果として窮めないところはない、つまり完全に果を窮めるとの意味であり、「賢」とは因の立場を捨てないとの意味であると釈されている。この釈によれば、「普賢の徳」という言葉そのものに、内に仏果を開いていながら、外にあらわす相は因位の菩薩にとどまるという還相の意味を示しているということができる。このように本国の位相（浄土における菩薩としての相）と他方摂化（迷いの世界での利他活動）とは別々のことではなく、還相の悲用の両面を示したものである。

還来穢国の相

願文の一生補処の菩薩とは、従因至果（因位の菩薩から果位の仏に至る道程）の菩薩を指すのではなく、内に往生即成仏の仏果を証しながら外に菩薩の相をあらわした従果還因の菩薩であり、これを還相とすれば従果還因の相ということもできるが、往相が往生浄土の相であることに対比すれば、「還相」の語は還来《げんらい》穢国《えこく》の相を本義とするというべきであろう。

その他『高僧和讃』「天親讃」には、

願土《がんど》にいたればすみやかに　無上涅槃《むじょうねはん》を証《しょう》してぞ
すなはち大悲《だいひ》をおこすなり　これを回向《えこう》となづけたり

（『註釈版聖典』五八一頁）

と詠われている。つまり親鸞聖人は、阿弥陀仏の本願によって成就された浄土に往生すると、速やかに無上涅槃のさとりをえて、ただちに衆生済度の大悲心をおこすことができるといって天親菩薩を讃嘆されている。

また同じく『高僧和讃』「曇鸞讃」には、

還相《げんそう》の回向《えこう》ととくことは　利他教化《りたきょうけ》の果《か》をえしめ
すなはち諸有《しょう》に回入《えにゅう》して　普賢《ふげん》の徳《とく》を修《しゅ》するなり

（『註釈版聖典』五八四頁）

と詠われている。曇鸞大師は、還相の回向とは、本願力によって浄土に往生した者は利他教化地の益をえて、ふたたび迷いの世界に還ってきて、あまねく一切衆生を済度する利他大悲のはたらきができることを明らかにされた、と讃えておられるのである。

第三節　救いと成仏

第一項　現益と当益の別

これまで見てきたように、浄土真宗の利益は大きく二つに分けることができる。現生において信心をえると同時にえる入正定聚の利益（現益）と、来生において浄土に往生すると同時にえる滅度という利益（当益）である。この二つの利益について、蓮如上人は『御文章』に、

問《と》うていはく、正定《しょうじょう》と滅度《めつど》とは一益《いちやく》とこころうべきか、また二益《にやく》とこころうべきや。

答《こた》へていはく、一念発起《いちねんぽっき》のかたは正定聚《しょうじょうじゅ》なり。これは穢土《えど》の益《やく》なり。つぎに滅度《めつど》は浄土《じょうど》にて得《う》べき益《やく》にてあるなりとこころうべきなり。されば二益《にやく》なりとおもふべきものなり。

（『註釈版聖典』一〇八九頁）

と問答を設け、二つの利益を混同してはいけない旨を示されている。

現生に信心をいただいて正定聚の位に就くということは、阿弥陀仏の摂取不捨のはたらきにより、さとりに向かって退転することがないという利益であり、また当来に浄土に往生して滅度に至るということは、阿弥陀仏と同じさとりを開いて衆生救済におもむくという利益である。この二益を一益と混

同する誤った理解を一益法門《いちやくほうもん》という。すなわち此土において往生し、仏果を得証するという主張が一益法門である。

　しかし、此土において往生を主張し仏果をえるとするのであれば、五劫思惟の願・兆載永劫の行をもって浄土が建立された意義は失われ、摂取不捨の利益も意味のないことになる。往相還相の二回向をもって示される浄土真宗の教義の綱格すら否定するものと言えよう。これまでも所々に述べてきたように、現益である正定聚の位に就くことと、当益である往生即成仏することは明確に区別されなければならない。親鸞聖人も「御消息」に、

　浄土《じょうど》へ往生《おうじょう》するまでは、不退《ふたい》の位《くらい》にておはしまし候《そうら》へば、正定聚《しょうじょうじゅ》の位《くらい》となづけておはしますことにて候《そうろ》ふなり。（『註釈版聖典』七九三頁）

と、正定聚は往生するまでの利益であることを明示され、また「正信偈」にも、

　一生悪《いっしょうあく》を造《つく》れども、弘誓《ぐぜい》に値《もうあ》ひぬれば、安養界《あんにょうかい》に至《いた》りて妙果《みょうか》を証《しょう》せし

むといへり。(一生造悪値弘誓　至安養界証妙果)(『註釈版聖典』二〇六頁)

と、安養界すなわち浄土に往生してさとりを開くと述べておられる。また、「信文類」に、

まことに知《し》んぬ、悲《かな》しきかな愚禿鸞《ぐとくらん》、愛欲《あいよく》の広海《こうかい》に沈没《ちんもつ》し、名利《みょうり》の太山《たいせん》に迷惑《めいわく》して、定聚《じょうじゅ》の数《かず》に入《い》ることを喜《よろこ》ばず、真証《しんしょう》の証《さとり》に近《ちか》づくことを快《たの》しまざることを、恥《は》づべし傷《いた》むべしと。(『註釈版聖典』二六六頁)

と、自らの煩悩性を悲歎しておられる文において、定聚の数には「入る」、真証の証には「近づく」と異なった表現が用いられていることも、正定聚と成仏とが区別されなければならないことを示している。さらに、前掲の「証文類」の文に、

しかるに煩悩成就《ぼんのうじょうじゅ》の凡夫《ぼんぶ》、生死罪濁《しょうじざいじょく》の群萠《ぐんもう》、往相回向《おうそうえこう》の心行《しんぎょう》を獲《う》れば、

即《そく》の時《とき》に大乗《だいじょう》正定聚《しょうじょうじゅ》の数《かず》に入《い》るなり。正定聚《しょうじょうじゅ》に住《じゅう》するがゆゑに、かならず滅度《めつど》に至《いた》る。
（『註釈版聖典』三〇七頁）

とあるのも、正定聚の位にあることと滅度に至ることが、同時に成立するものでないことを示している。

『歎異抄』第十五条に、

煩悩具足《ぼんのうぐそく》の身《み》をもって、すでにさとりをひらくといふこと。この条《じょう》、もつてのほかのことに候《そうろ》ふ。
（『註釈版聖典』八四六頁）

と、きびしく誡められていることの意義を知らなければならない。

第二項　倶会一処

浄土真宗の利益は、現益である入正定聚と当益である滅度（往生即成仏）

であるが、浄土往生にともなって「ありがたい」との宗教感情をおこさせるのが、『仏説阿弥陀経』の「倶会一処《くえいっしょ》」の説示である。「倶会一処」は「ともに一処に会する」と読む。

『仏説阿弥陀経』は、釈尊が祇園精舎で舎利弗をはじめとする千二百五十人の仏弟子を相手に説かれた経典である。その中ではまず、説法の場所や聴衆のことが説かれ、続いて極楽浄土のうるわしい様子と仏・菩薩等の尊い徳が説かれている。これらの内容を受けて、

舎利弗《しゃりほつ》、衆生聞《しゅじょうき》かんもの、まさに発願《ほつがん》してかの国《くに》に生《しょう》ぜんと願《ねが》ふべし。ゆゑはいかん。かくのごときの諸上善人《しょじょうぜんにん》とともに一処《いっしょ》に会《え》することを得《う》ればなり。

（『註釈版聖典』一二四頁）

と、釈尊が舎利弗に語りかけている。ここに「衆生聞かんもの、まさに発願してかの国に生ぜんと願ふべし」とあるのは、前述のような浄土のありさまを聞いたなら、ぜひとも阿弥陀仏の浄土に生れたいと願うがよい、と迷いの

世界で苦しむ我々に勧められているのである。そして「かくのごときの諸上善人とともに一処に会することを得ればなり」とその理由を示されている。「かくのごときの諸上善人」とは、浄土の一生補処の大菩薩をいう。その数が多いから「諸」と言っているのであり、「上善人」と「上」がついているのは、勝れていることをあらわしている。「善人」とは、煩悩の汚れにまみれていない勝れた善をそなえた人の意である。つまり「倶会一処」とは、浄土に往生すれば、多くの上善人と倶に同一処に集まって種々の法味楽をうけることを言っているのである。要するに『仏説阿弥陀経』では、浄土のすぐれた聖者たちと倶に同じ浄土に集うことができると、われわれに浄土へ往生するよう勧めているのである。経典上の「倶会一処」の意味としては、このように一生補処の大菩薩たちと同一処で法味楽をうけることであるが、浄土を願生するにあたってはこの言葉に特別な意味を感じることができる。それは、それぞれの業因に応じて六道を流転輪廻するのではなく、念仏の衆生は同じ阿弥陀仏の本願のはたらきによって、同じ浄土に往生するからである。

「真仏土文類」には、

『論《ろん》』（浄土論）には「如来浄華衆《にょらいじょうけしゅ》　正覚華化生《しょうがくけけしょう》」といへり。また「同一《どういつ》念仏無別道故《ねんぶつむべつどうこ》」（論註・下　一二〇）といへり。（『註釈版聖典』三七二頁）

とある。つまり真実の浄土への往生は、みな阿弥陀仏の清らかなさとりの華からの化生であり、それは同じ念仏（信心）を因として生れるのであり、その他の因によって往生するのではない、と示されている。それに対して化土への往生については、

まことに仮《け》の仏土《ぶつど》の業因千差《ごういんせんじゃ》なれば、土《ど》もまた千差《せんじゃ》なるべし。（同前）

とあって、方便化土に往生する自力の因は、人によってそれぞれにみな異なるから、往生する浄土も皆それぞれ異なるといわれる。

他力の信心を因とするからこそ、みなともに真実の浄土へ往生できるのである。

親鸞聖人が高田の入道に宛てた消息の返書には、

かくねむばうの御《おん》こと、かたがたあはれに存《ぞん》じ候《そうろ》ふ。親鸞《しんらん》はさきだちまゐらせ候《そうら》はんずらんと、まちまゐらせてこそ候《そうら》ひつるに、さきだたせたまひ候《そうろ》ふこと、申《もう》すばかりなく候《そうろ》ふ。かくしんばう、ふるとしごろは、かならずかならずさきだちてまたせたまひ候《そうろ》ふらん。かならずかならずまゐりあふべく候《そうら》へば、申《もう》すにおよばず候《そうろ》ふ。かくねんばうの仰《おお》せられて候《そうろ》ふやう、すこしも愚老《ぐろう》にかはらずおはしまし候《そうら》へば、かならずかならず一《ひと》つところへまゐりあふべく候《そうろ》ふ。

（『親鸞聖人御消息』第十五通、『註釈版聖典』七六九頁）

と記されてある。先立った覚信坊（かくしんばう）が「間違いなく先に浄土でお待ちになっていることでしょう」と述べ、「ともに浄土に往生する」と述べられ、同じく先立った覚然坊（かくねんばう）の信心は親鸞聖人ご自身の信心と同一であるから、「かならずかならず一つところへまゐりあふべく候ふ」と、一処に生まれることまちがいなしということを述べられるのに、必ずを二度も重ねて強調しておられる。

さらに親鸞聖人は門弟の有阿弥陀仏に送った手紙にも、

念仏往生《ねんぶつおうじょう》とふかく信《しん》じて、しかも名号《みょうごう》をとなへんずるは、疑《うたがい》なき報土《ほうど》の往生《おうじょう》にてあるべく候《そうろ》ふなり。

(『親鸞聖人御消息』第二六通、『註釈版聖典』七八五頁)

と述べられた後に、

この身《み》は、いまは、としきはまりて候《そうら》へば、さだめてさきだちて往生《おうじょう》し候《そうら》はんずれば、浄土《じょうど》にてかならずかならずまちまゐらせ候《そうろ》ふべし。(同前)

と、「先に往生するはずの自分は、浄土で必ずあなたをお待ちしております」と述べられている。

どちらの消息にも、懐かしい念仏者と再び浄土で相見えることができる喜びが吐露されているのであり、「かならずかならずさきだちてまたせたまひ候ふらん。かならずかならずまゐりあふべく候」とあるのも「浄土にてかならずかならずまちまゐらせ候」とあるのも、『仏説阿弥陀経』の「倶会一処」の説示を拠り所としてのお言葉であろう。私たちには、親鸞聖人をはじめとする浄土教の祖師方はもちろんのこと、ともに念仏を喜んだ懐かしい有縁の方々との再会の場が間違いなく用意されているのである。

監修

内藤《ないとう》知康《ともやす》　本願寺派勧学・龍谷大学名誉教授

執筆

森田《もりた》眞円《しんねん》　本願寺派勧学・京都女子大学教授

普賢《ふげん》保之《やすゆき》　本願寺派司教・京都女子大学教授

安藤《あんどう》光慈《こうじ》　本願寺派司教・元浄土真宗聖典編纂委員会編纂副主監

高田《たかだ》文英《ぶんえい》　本願寺派輔教・龍谷大学准教授

井上《いのうえ》見淳《けんじゅん》　本願寺派輔教・龍谷大学准教授

親鸞聖人の教え

二〇一七（平成二十九）年四月一日　第一刷発行
二〇一八（平成三十）年三月十六日　第二刷発行
定価　本体（一、二〇〇円＋税）

編集　勧学寮

発行　本願寺出版社
〒六〇〇－八五〇一
京都市下京区堀川通花屋町下ル
TEL　〇七五（三七一）四一七一
FAX　〇七五（三四一）七七五三

印刷　株式会社図書印刷同朋舎

ISBN978-4-89416-041-5　C3015　BD03-SH2-①　30-81